「もう差別なんてない」と思っているあなたへ

アメリカの経験から日本の現在（いま）と未来（これから）を考える

森川美生
大森一輝

小鳥遊書房

目次

はじめに
人種や性のグラデーションが強引に切り分けられた世界を生きる　7

第Ⅰ部　ラディカルに考える

第1章
「逆差別」論を考える
はじめに――「行き過ぎた」反差別論？　14／差別の土台と方向　18／
逆転する被差別意識　21／マジョリティが取り戻したいもの　23／
差別を是正するのも差別？　26／糾弾される「逆差別」と糾弾されない差別　28／
正直者が馬鹿をみるのは誰のせいなのか？　32／見えない（構造的な）特権　34／
おわりに　37

第2章
「差別ではなく区別」ならいいのか？

はじめに　42／アメリカ史上最悪の「差別ではなく区別」論――「隔離しても平等」42／差別認識の変化――隔離は「本質的に不平等」45／すべての区別が悪なのか？――「枠」と「壁」47／男女平等という「危険思想」49／道は自由に作れる――二本でもなく一本でもなく　53／それでも「区別」は必要か？　55／「男女平等」に向かうための「区別」59／おわりに　63

第Ⅱ部　質疑応答

第3章
差別反対論は個人の自由を抑圧する？――学生との対話

「逆差別」について、もう一度考える　70／区別が差別になるとき、ならないとき　73／

否定できない違い？　76／それでも傾向はある？　81／差別は「なくなる」か？　84／
差別をなくす方法　89／差別と自己責任、私たちにできること　94

第Ⅲ部　反「反差別」論に反論する

第4章
差別はなくならず、なくそうとするのは独善・正義の押し付けなのか？
——公民権運動から学ぶ

はじめに　102／ジョン・ルイスとは誰か？　103／「アメリカ南部」という社会　104／
声を上げることの難しさ　105／声を上げ（られ）ないことの悔しさ　106／
差別の重層性　108／若者の力　109／南部白人（差別する側）の思い　111／
キングの苦悩と失敗　113／子どもたちの参加　114／
「仕事」と「自由」のためのワシントン大行進　117／独善的なのは誰か？　118／
差別をさせる社会とそれに抗する政治　120／ルイスは「ラディカル」なのか？　122／
闘いは終わらない　123／活動（家）は怖い？ ヒーローは誰だ？　126

第5章
差別などもうない？
――「女らしくない」選択をした女性が肩身の狭い思いをするのは当然なのか？

はじめに――女性に対する差別は解消したのか？ 130／産まない女性に対する差別 134／
産める人は産むべきなのか？ 137／産むことを強制しない？ できない？ 139／
それでも、産むほうが好ましい？ 144／「産まない自由」はあるか？ 146／
「自分勝手な女」というレッテル 148／「産む権利」と「産まない自由」 152／
おわりに――自由な人生設計を保障する社会へ 153

おわりに
自分が何に縛られているかを自覚する

157

参考文献・読書案内 161／公民権運動年表 165／
あとがき 166

はじめに
人種や性のグラデーションが強引に切り分けられた世界を生きる

◎森川美生、大森一輝

この本は、「今はもう差別なんてないんじゃないの?」と思っている人(とくに若者)に向けて書きました。「最近はむしろ女性のほうが優遇されている」とか、「マイノリティへの過剰な配慮によって普通の人が息苦しく/生きづらくなっている」と感じている人にこそ、読んでもらいたいと願っています。そういう不満を持っている人のことを、無知だとか間違っていると糾弾するつもりはありません。どうしてそう見えてしまうのか、どうすればより多くの人が公正だと感じられるような社会にできるのかを、これからの日本を担っていく世代のみなさんと一緒に考えたいのです。

差別は、立場によって違った見え方をします。あるいは、全然見えなくなることもあります。でも、だからといって、「ない」ことにはならない。「ある」と言っている人を力ずくで黙らせるのはおかしい。それでは問題の解決にはならない。何が見えているのか／見えていないのか、何が・どう嫌なのか／不当だと思うのかを、互いにぶつけ合わなければ、どちらの不満もくすぶり続けるだけです。

以下の各章では、とくに人種差別と性差別に焦点を当て、深刻な差別と闘い続けるアメリカ合衆国（以下、アメリカ）の事例を参考にしながら話を進めていきます。「人種」や「性別」には生物学的な「根拠」があると思われがちですが、じつは、明確に区分けできるものではありません。「人種」は、科学的には無意味です。人類は「ホモ・サピエンス」という一つの種であり、その内部に「種」の違いなどないのですから。「性」も、女と男の二つだけがあるのではなく、身体的にも精神的にもグラデーションになっています。それなのに、「男女」の区別や、「白人」「黒人」「黄色人種」などの分類は（さらには、民族性・国民性などまでもが）絶対的なものだとみなされてきたし、今でも多くの人がそう思っています。私たちは、そういうレンズを通して世界を見ているのです。

「男なら」「女のくせに」「さすが〇〇人は」「やっぱり××人だから」という決めつけは、私たちの目を曇らせ、思考を停止させます。事前に決まっているカテゴリカルな序列がそれを信じる者に与えるのは、偽りの安らぎでしかありません。そのなかでは、劣位化された人たちだけでなく、一見「優位」に立っている人も結局は救われず、その枠組みの外に出ない限り、誰もがその精神を多かれ少なかれ蝕(むしば)まれてしまいます。

そのことを伝えるために、全体の構成は次のような流れにしました。まず、第I部で、「逆差別」などあり得ない(第1章)、「差別ではなく区別」はほとんどの場合差別になる(第2章)、という問題提起をします。違和感を抱くのは、むしろ大歓迎です。それを解きほぐす試みが、第II部(第3章)です。私たちが普段接している学生のみなさんから受ける疑問に答える形で、できるだけわかりやすく、何が思い込みで実際には何が起こっているのかを説明します(Q&A形式になっていますので、ここから読み始めたほうがわかりやすいかもしれません)。読者のみなさんも、「常識」に囚われずに、できるだけ柔軟に考えてみてください。そのうえで、第III部では、それでも「差別と闘えと言われるのは(いろいろな意味で)怖い」(第4章)、「わがままな人が自分勝手な文句を言うほうがおかしい」(第5章)という感覚が、どこから来るのかを考えます。

どの章も(とくに第II部は)、私たち二人が、それぞれいろいろな大学でおこなってきた、アメリカ黒人史/ジェンダーについての授業に対する学生のみなさんの反応を基にしています。都留文科大学、東京女子大学、玉川大学、聖心女子大学、早稲田大学、北海学園大学、北星学園大学、札幌学院大学、藤女子大学、小樽商科大学で、私たちの講義やゼミを受講してくれたみなさんに、心から感謝します。みなさんが私たちの思考を鍛えてくれました。

人間のあり方や優劣は生まれついた人種や性によって決まり絶対に変わらない、人はそれを認めそれに従って生きるべきであり、そこから逸脱する者が嫌な目に遭うのは当然である、という考え方（つまり、レイシズム＝人種［差別］主義とセクシズム＝性差別［主義］）が、どのような社会を作ってしまったのかを、アメリカの経験を自分たちの今の姿を映すための鏡にしながら、さまざまな人の目線で見直し、場合によっては人種や性というカテゴリーをあえて逆手に取ってでも正義を追求する、そういうヴァーチャル（他人に見える世界を想像し、未だ来ていない現実を構想する）・リアリティを体験してみませんか？

第I部

ラディカルに考える

第1章
「逆差別」論を考える

大森一輝

女性専用車両を「男性差別」とみなすのなら、優先席も若者や健常者に対する「逆差別」になるのでしょうか？

◉はじめに――「行き過ぎた」反差別論?

アメリカでも日本でも、「差別はいけない」という「正義」の「暴走」への反発が強まっています。同時に、「男性差別」や「白人差別」など、従来とは逆方向の「差別」を訴える声も大きくなっていますが、それに対しては強い反発は起こっていません。むしろ、「逆差別」が問題だという感覚は、多くの人の共感を得ているように見えます。

ここに見られるのは、「正しさ」を掲げる(かつての)「弱者/マイノリティ」への強烈な反感です。そして、「強者/マジョリティ」であったはずの自分たちこそ、今や奪われるばかりで何も与えられない被害者だ、という感覚なのでしょう(以下、マジョリティ/マイノリティという言葉を、文脈に応じて、多数派・主流集団/少数派・被差別集団という意味でも、そのメンバーという意味でも用います。また、本章は、マジョリティとマイノリティの関係をめぐる混乱を正すことを主目的としているため、重要な問題ですが、マイノリティ内部の格差や対立には論及しません。もちろん、マイノリティ内部にもさまざまな違いはありますが、主流社会の側から十把一絡げに見られ扱われているために、差別を含め多くの似通った経験をし、同じ対策が必要とされることも多いからです)。

マイノリティ認識の歪みは、専門家にも及んでいます。たとえば、アメリカにおける「ブラック・ライヴズ・マター(BLM)」を過激な思想・運動だとみなす人は、歴史家やアメリカ研究者のなかにもいます。ＢＬＭの活動家のことを、独善的な正義を振りかざし過去にまで遡って自分たち以外はすべて差別者だと断定して全否定することで分断を扇動している、と言うのです。しかし、そのような論評は、往々にして印象批評であり、ＢＬＭのいったいどこにそのような主張が見られるのか、根拠が示されないことがほとんどです。仮に、ＢＬＭの一部にそのような側面が見られるとして、それがこの運動の本質的な要素であるのか否かを検討しているわけでもありません。歴史的には、「自分たちは絶対的に正しい」と主張し、それを行動で表してきたのは、ヨーロッパ系（白人）のほうです。彼らは、話し合いを求め声を上げ（ようとす）る黒人を、「秩序」を乱す存在だとして容赦なく抹殺してきました。ＢＬＭは、「黒人の命・生活〈だけが〉大切だ」「黒人の命・生活〈こそが〉大切だ」という主張ではなく、他の人たちと同じように大切なはずの自分たちの命と生活がこれほどまでに軽んじられているのはなぜなのかを問う、つまり、人種主義の極端な現れ方を俎上に載せるものです。それなのに、ＢＬＭを「極論」として非難する人たち自身が、それを見ない（見ようともしない）まま、ＢＬＭは過激であるという「極端」な世論にいとも簡単に与してしまっているのです。

一つだけ例を挙げます。人種差別に関わっていた人の像などを公共の場から撤去しようという動きに対して、やりすぎだ、現在の価値観で過去を裁断するのは間違っている、と主張する人がいます。しかし、そこには、そもそも像の建立自体が政治的な意図による歴史改変であり、黒人に対する攻撃であった、という視点が決定的に欠落しています。奴隷制を守るために戦った軍人たちを顕彰する記念碑がアメリカ南部でさかんに作られるようになるのは、一九世紀末から二〇世紀初頭にかけてのことです。その目的は、奴隷制を採用していた自分たちは悪くなかったという特異な歴史観、黒人は従属的な立場にいて当然だという特殊な主義主張のシンボルを示すことで、その当時の人種差別体制を正当化することでした。つまり、像を建てる行為のほうこそが、黒人は奴隷のままのほうが良かった、と言わんばかりの白人の極度に偏った考え方を、黒人住民の意向を完全に無視して、地域全体に押しつけようとする蛮行だったのです。像を倒す行為は、それ（特定の時代の特定の地域の歪んだ歴史認識とそれを具現化したもの）を問い直そうとする試みです。決して過去を葬り去ろうとしているのではありません。むしろ逆で、過去に向き合おうとしているのです。その時々の要請に応じて歴史を解釈し直すのは当然のことですから。そして、最終的に公式に撤去するかどうかは、選挙で地域の正式な代表となった人たちが議会で民主的な手続きに則って決めています。独善的なのは、BLMではなく、奴隷制南部を「古き良き時代」として懐かしみ、その人物の像が本当に今の時代にこの場所に必要かどうかを考えようとせず、自分たちの価値観を押し通そうとして「（自分たちにとって都合の良い）歴史を守れ」と叫んでいる側なのです。

　マイノリティのことをよく知らない（知ろうとしない）まま、彼ら彼女らのことを極論を基に誰彼構わず糾弾する「被害者づらした強者」だとみなし、その糾弾が転じた「逆差別」の矛先がマジョリティに向けられていることに危機感を抱く、それ自体まさに極端で倒錯した見方は、ネットを越えて私たちの日常に溢れ出しています。マイノリティを批判して現状を維持する（あるいは、マイノリティが声を上げられない時代に戻る）ことは、差別の温存にしかならないのに。そして、私たちは、無自覚のままその片棒を担いでいるか、自覚していてもその蔓延を食い止められずにいます。

　この章では、差別のことを、できるだけラディカル（＝根本的）に考えるための導入として、「マイノリティが不当に大きな力を持ち」「マジョリティが迫害される」という、語義に反する（「マジョリティ」「マイノリティ」は、数だけではなく権力の問題でもあります）非現実的な事態が、実際に起こっているかのように見えてしまうのはなぜなのかを考えたいと思います。まずは、差別とは何かについて、あらためて整理しましょう。

◉差別の土台と方向

差別（＝特定の人々を不当に不利に扱う、または見下し劣位化する行為）は、関係性のなかで発現します。そして、その関係は公平中立ではありません。歴史的・文化的・社会的に負の価値を付与されてきた属性や特徴を持つ（とされる）集団とそのメンバー（と目される人々）は、個々の差別的な言動の発生に先立って、最初から下位に置かれています。

　多くの人が登っている大きな山をイメージしてみましょう。誰もが快適に登れて、いつ登るのも降りるのも自由であれば、どこにいようと、それによって優劣は決まらないはずです。しかし、この山では、特定の人が特定の高さに集まっています。真ん中から上にはマジョリティが優雅に過ごす豪邸があって（上に行くほど数は少なくなります）、ずっと下のほうにはさまざまな重荷を付けられたマイノリティがいる。登山道は、人種・民族・宗教・ジェンダー・国籍など序列化の指標ごとに決められています。道は交差することもありますが、どれも傾きはかなりきつく、麓（ふもと）から歩いて登るのは至難の業です。

　ただし、この格差社会という「山」は、自然にできたものではありません。頂上も登山道も（一部の人たちにとって都合のいいように）人為的に作られたものであり、山の形を変えることも、道を整備することも、本当はできるはずなのに、手を加えることは不可能で、そのままの状態で誰

もが登らなければならない、唯一無二のものだと思われています。

これが差別の「構造」です。「土台」と言ってもいい（この山は、下に行くほど傾斜が急になる、不思議な形をしています）。それが揺らがないように支える政策・制度や社会的実践の総体を「構造的（あるいは制度的）差別」と呼びます（登山道の比喩を続ければ、下のほうでは、上には付けてある手摺を付けず、滑りやすいところや大きな穴を放置し、不必要なものを置いて進路を塞ぎ、上から岩や石を落としたり危険なゴミを捨てる、などのやり方で、下にいる人が上に行くのを著しく困難にする仕組み、ということです）。ここで重要なのは、次の三点です。

①下のほうにいる人たちは、この構造（的差別）

によって大きなハンディキャップを負っています。斜面のどの位置から人生をスタートさせられるかは自分では決められません。そして、スタート位置の違いによる有利不利の差は極めて大きい。にもかかわらず、上に行けないのは「自己責任」だと言われてしまうのです。

②個別の（個人／集団による、個人／集団に対する）差別行為も、この山の上で展開されます。差別は、上から下に向かいます（逆方向の言動は、批判であり抗議です）。人を見「下す」発言や、蹴「落とす」行動は、上にいる者にしかできません。より正確に言えば、上から投げつけるが故に、差別は差別としての強い力を持つのです。

③他人に直接的な不利益を与えなくても、この山をそのままにしておくことを正当化したり、それに手を貸す発言も、明らかな差別になります。誰かを貶（おとし）めることで、この山における上下関係を固定化しようとする／そのような効果を持つ表現は、守られるべき言論に値しません。

マジョリティは、往々にして、「今の自分たちにはそんな力はない」と言いますが、その場合の「そんな力」とは、個別具体的な場面で（昔のように）自分たちの意向だけを押し通す力のことなのでしょう。確かに、公の場であからさまにマイノリティの口を封じることはできなくなりました。マイノリティに向かって好き放題を言うことも憚（はばか）られるようになった。その程度には下から上に向かって追い風が吹いています。それでも、主観的には自分たちに力はないと思っているマジョリティは、客観的には高い位置にいる。山の上でできること／やっていいことには制約が課されるように（マジョリティにとっては「窮屈」に）なったかもしれませんが、山の状態はほとんど変わっていません。

もしマジョリティが、山登りの条件は完全に平等になった、障害物も取り除かれたし妨害もない、もう最初から上のほうにいる人などいない、みんな同じ場所からスタートすることになったし、どこを目指すのも自由だ、つまり、生まれによる格差など存在しない、と本気で思っているのなら、なぜ彼らは、差別がなくなったはずの社会で、今やマイノリティだけが優遇され、自分たちマジョリティは置き去りにされている、それは逆差別だ、と主張するのでしょう？

◉逆転する被差別意識

端的に言って、「逆差別」など、原理的にも実際的にも、存在しません。特定の関係のなかで個別的／単発的にマイノリティのほうが上に立ったり、マイノリティがマジョリティに激しく迫ることがあったとしても、制度的／恒常的に大きな力を持っている（＝山の上のほうにいる）のはマジョリティだからです。男性のみを対象とする徴兵制や日本の助産師資格（男性は取得できない）など、「男性差別」的な社会制度は例外的に存在しますが、それは、女性が「逆に」男性を「差別」しているのではありません。徴兵対象や助産師資格条件を定めた法律を作ったのは、男性が多数である議会なのですから。これらは、「逆差別」ではなく、同じ性差別が別の現れ方をしているだけです。

仮に、マイノリティがマジョリティに対して偏見や敵愾心を抱いていたとしても、それは、相手に実際的な不利益を広範囲で継続的に与えられない（個人的な敵対にすぎない）という意味で、社会的な差別になる条件を欠いています。本当に逆差別だと言える事態があるとすれば、この不条理な山をマイノリティが大挙して駆け登って多くのマジョリティを抜き去りその上に立ち、あるいは、何らかの力で既存の山を破壊して新しい山を作ってマイノリティの側が上になり、個人的にではなく組織的に「仕返し」をすることでしょうが、もちろん、そんな状況にはなっていません。最近はマイノリティのほうが強くなっている、と主張する人は、権力者や富裕層に占めるマイノリティの割合を数えてみればいいのです。アメリカでも日本でも、その圧倒的多数は、主流人種／民族（白人／日本人）の男性なのですから。

それにもかかわらず、多くのマジョリティが「逆差別はある」と言い立てるのは、マイノリティが少しでも上に動くことが自分たちの地位の相対的低下につながるという危機意識と、「奴らの得は我らの損」というゼロサム（＝損得は必ず合計ゼロになるという）感覚からでしょう。実際にマイノリティが求めているのは、マジョリティを脅かすことではなく、さまざまな山の存在と価値を認め、どの山を目指しても不当な扱いを受けず、どの山も誰でも登りやすくすることであり、登っている途中で足を引っ張り合うことではなく、助け合うことなのに。

「逆差別」論のいま一つの源泉は、山の下のほうから発せられたものであってもマジョリティを厳しく非難する言動は差別であるという、「形式的公正主義」とでも呼ぶべき思考法です。それによれば、マイノリティに対して「お前らはそこにいろ、そこがお似合いだ」と吐き捨てられる暴言と、「自分たちも同じ人間だ、そのように扱わないあなたたちこそ間違っている」というマジョリティに向けた批判が、同じ「差別発言」になってしまいます。上から大量の岩をぶつける暴力と、それに耐えかね盾を持って石を撥ね返す防御も、同じ「差別行為」になるというのです。

◉マジョリティが取り戻したいもの

自分たちこそ脅かされ奪われ非難され攻撃されているとマジョリティが主張するのは、被害妄想と言うほかありませんが、彼らは、マイノリティが酷い状態のままなのは個々人の自己責任で、自分たちがそういう状態に追いやられている（と感じる）のは集団的被害だと信じています。

じつは、こうした意識は最近になって現れたのではありません。アメリカの歴史を例に取れば、マジョリティは、自分たちにとって少しでも不都合・不愉快・不安なことがあると、そのたびにマイノリティを元凶に仕立て上げ、「陰謀だ反逆だ、アメリカが侵略される破壊される」と騒ぎ立ててきました。たとえば、第二次クー・クラックス・クラン（KKK）の指導者ハイラム・エヴァンズが、「外国人とこの国にいる彼らの子孫は、人種的、国別に組織されている。彼らは彼ら自身の学校を持ち、彼らの外国語を話し、彼らの言葉で印刷された出版物を持ち、英語以外の言葉が使われている彼らの教会を持っている」と移民の脅威を語ったように。ちょうど一〇〇年前（一九二〇年代前半）に「一〇〇％アメリカ人」の「伝統」を守ろうとしていたこの白人至上主義の秘密結社は、外国人や黒人やカトリック教徒やユダヤ人は組織され強大な力を振るっているのに、自分たち「この国生まれの白人非ユダヤ人プロテスタントは」取り残され、その「所有物を狙う組織された人びとによる搾取の対象になってきた。自分の国に住んでいながら、さまざまな形でよそ者の犠牲になってきた」、だからこそ立ち上がらなければならないのだ、とマジョリティを焚きつけたのです。

自分たちこそが中心であるべきなのにマイノリティが大きな顔をしている、という不満は、もっと後の時代になっても、さまざまな政治的立場の人から噴き出し続けます。リベラルな歴史家として名高かったアーサー・シュレシンジャー・ジュニアは、その名も『アメリカの分裂』という著書（一九九二年）のなかで、「「多文化」という言葉それ自体が、すべての文化を対象とすべきであるのに、じつのところ、非西欧的、非白人的なものだけに言及するようになってしまった」ことを嘆き、次のように居直りました。「ヨーロッパの白人男性たちがわれわれの文化形成に大きな役割を果たしたということは、あいにくであったのかもしれない。しかし、それはありのままの事実なのだ。われわれは歴史を消し去ることはできないのである。」そのうえで、驚くべき発言をします。「アメリカの学校教育でヨーロッパ中心の偏りがみられるのは、こうした月並みな歴史的事実が厳存しているからで」ある。「学校は二割の部分だけを教えて八割の部分は無視すべきであるなどと、真面目に主張するような人が一体いるのであろうか。」つまり、アメリカの八割は白人男性が作ったのだから、白人男性の取り分が八割なのは当たり前だ、と言うのです（アメリカは白人男性の国だ、という主張は、保守派の専売特許ではありません）。何をどう数えると「八割」になるのか説明もせず（シュレシンジャーにとっては自明なのでしょう）、人種・民族的マイノリティどころか、人口の半分を占める女性も、歴史の舞台からほぼ完全に除外してしまう（自分は誰から生まれてきたと思っているのだろう、と茶々を入れたくもなりますが、彼にとっては、産み育てるなど女性が担ってきた営みは、歴史とは無関係なのでしょう）。このような無自覚の特権意識とそれに追従する（マイノリティのなかにもある）権威志向や能力・成果主義こそ、「ほとんど何の貢献もしていないマイノリティが、マイノリティだというだけで分け前を要求するのは、強盗と同じだ」という「逆差別」論をはびこらせる温床となっています。

◉差別を是正するのも差別？

「逆差別」論は、おおよそ、次のように構成されます。全体的にマイノリティが有利になっている（優劣が逆転している）わけではないことは認める。しかし、山のあり方を固定化する力がマジョリティ優位の構造的差別を生んでいるのなら、マイノリティだけを助け、山の上での位置関係を強引に変えようとすることも、差別的な効果をもたらす（実際にもたらしている）のではないか。たとえ差別をなくすためであったとしても、マイノリティを「優遇」するアファーマティヴ・アクション（積極的差別是正措置、以下ＡＡ）のような政策は、特定集団への所属を「特権」とする「逆差別」にほかならない。差別に差別で対抗するのは間違っている。

この理屈は、はたして正しいのでしょうか？　まずは事実関係を確認しましょう。ＡＡ等の差別是正策は、力関係の逆転ではなく平衡を目指すものです。しかも、批判や非難に晒され限定的にしか適用できず十分な効果が得られないため、山の傾きを緩やかにすることすらできていません。いや、不当な格差はもはやない／今やマジョリティのほうが転落しやすくなっていると言う人は、量的にも質的にも圧倒的に非対称的な現実、具体的には次のような疑問にどう答えるのでしょう。なぜ黒人は「優先的に」警官に殺され続けるのか？　なぜ彼らは真っ先に犯罪を疑われるのか？　黒人を犯罪者だと決めつける警察を批判し、黒人を殺すなと訴えるブラック・ライヴズ・マターが、なぜ「白人差別」になるのか？　なぜマジョリティとマイノリティの間には集団としての明らかな経済的格差が依然としてあるのか？　それはほんの一握りの成功したマイノリティの存在で相殺され差別はないことになるのか？　だとしたら残りは全員怠け者なのか？　男女の賃金格差は、日本の「レディースデイ」の数百円の値引きのような女性「優遇」で帳消しになるのか？（これを「男性差別」とみなす人は驚くほど多いのですが、若者や高齢者の優待を年齢差別だと言う人はほとんどいません。単に特定の層をターゲットにしたマーケティングだと思われています。）なぜ女性は暴力を受け続けるのか？　なぜ彼女らの声は聞き届けられないのか？　痴漢という名の性暴力を避けるための女性専用車両のようなシェルターが、なぜ男性に対する「差別」だと言われなければならないのか？（DV被害に遭っている女性を助けるためのシェルターは「男性差別」だとはみなされないのに。）泣き寝入りも含めた痴漢の発生件数と痴漢冤罪の発生件数の圧倒的な差（蔓延している痴漢と比べれば痴漢冤罪などごくわずかであり、その比率に応じて電車の車両を案分したら、ほとんどが女性用の車両になること）を知っているのか？

　マイノリティだけを助けることは「差別」なのでしょうか？　そもそも自分たちが特定の集団に所属していることを特権とし、個人的な差異を無視してマイノリティを差別してきたのは、マジョリティのほうなのです。そのような差別に対抗し、能力や意欲を活かすチャンスを広げるには、山での位置関係が固定化する傾向を持っている限り、マイノリティに特別な手立てを講じるしかありません。それは「差別」ではなく、支援です。山の高い位置にいる人と低い位置にいる人が、そのままでどこまで高く手が届くかを競うのは、どう考えても公平ではありません。何らかの手段で上にいる人と同じところまで連れて行かなければ、競争にはならないのですから。

◉糾弾される「逆差別」と糾弾されない差別

　それでもマイノリティの立場を補正することを「差別に差別で対抗すること」だと非難するのは、このようなやり方では、それを支援と呼んだとしても、「下駄を履かせてもらった」マイノリティの煽りを食って結果的に不利益を被るマジョリティが出てしまうことを極度に恐れるからでしょう。しかし、頑張っているマジョリティに不利益を与えているのは、ほとんどの場合、マイノリティではないのです。

興味深いことに、「下駄を履かせてもらう」のが富裕層である場合、それは不当な優遇であり能力の高い人／努力してきた人への差別だ、という声はほとんど聞こえてきません。アメリカの多くの大学が大口寄付者である卒業生や有力者の子弟を成績が悪くても別枠で入学させている（大金持ち用のAAが存在する）ことは誰でも知っている事実ですが、それは寄付金を集めるための手段として容認されています。また、日米問わず私企業が経営者の子弟・親類を優先的に採用し昇進させることも多いですが、それもごく普通のことと捉えられています。マジョリティ側のずっと上のほうにいる人が自分ではなく親の力でさらに高下駄を履き（恵まれた家に生まれた人は、自分が優遇されているとは思っていませんから、マイノリティの上昇を阻む「ガラスの天井」ならぬ、マジョリティの無自覚な特権としての「ガラスの高下駄」なのですが）、マジョリティではあるが相対的に下

のほうからスタートして自分の力で登ってきた人を出し抜いても（場合によっては踏みつけ蹴落としても）、それは仕方のないことだとされるのです。しかし、上の不正には目をつぶり、豊かな社会を維持するには必要なことなのだろうと諦めるマジョリティの中下層は、下にいる人を少しでも引き上げようとすると、それが公正な社会を作るために必要なやり方であったとしても、ズルだと叫びます。自分が直接の被害者であっても、そうでなくとも。

典型的な例として、一九九六年にアメリカ合衆国第五巡回区連邦控訴裁判所が判決を下した「ホップウッド対テキサス州事件」を見てみましょう。一九九二年にテキサス大学法科大学院に出願したシェリル・ホップウッドを含む白人志願者四名は、自分たちより成績の低いマイノリティが合格しているのに自分たちの入学が認められないのは不当だとして、大学を訴えました。裁判は原告側の勝利に終わり、テキサス州内のすべての公立大学において人種を考慮するAAが一時的に（二〇〇三年まで）禁止されたのですが（そして、二〇二三年六月には、ついに連邦最高裁が大学入学者選抜におけるAAを憲法違反としたのですが）、今問題にしたいのは、そのことではありません。ホップウッドは、本当は誰に弾き出されたのか、です。

確かに彼女より個人得点の合計が低い黒人・メキシコ系アメリカ人が六三人入学を許可されていました。しかし、彼女より得点の低い白人志願者も一四〇人合格していたのです（この事実には、当事者もこの事件を論評する人も、なぜか注目しません)。彼女がこの一四〇人より入学優先順位が下とされたのは、公立のコミュニティ・カレッジを経て州立大学を卒業していたからでした。テキサス大学法科大学院では、他の多くのロー・スクールと同様に、上位私立大学卒という学歴をプラスの要素としてカウントしていたため(学部の成績のGPA〔平均点数〕と本人の法科大学院共通入学試験LSATのスコアを換算・合計したものに、GPAを調整するという名目で、出身大学の全LSAT受験者のスコアの中央値を加える)、大学時代の成績もLSATのスコアも良くなかったが自分以外の同窓生のLSATスコアが高い一流私大卒だったこの一四〇人は、彼女を飛び越して合格できたのです。成績の大学間格差を考慮に入れているのだと大学当局は言うのですが、実際におこなった学力試験で当該個人が出した結果を軽視するこのような制度は、その時点での「能力」よりも、有名私立大学の高額の授業料を負担できた「財力」のほうを重視するものと言わざるを得ません。

ホップウッドは、経済的に成功する才覚のあった本人ではなく偶然その人の子どもとして生まれてきただけの人たちによってここまであからさまに差別されているのに、そちらは責めなかった。幼い頃に父親を亡くし苦学して高校・大学を卒業、障碍(しょうがい)のある子どもを育てながら法律家を志した彼女は、自分を生涯にわたって苦しめてきたはずの上流階級ではなく、自分と同じように苦しみ、だからこそ自分と同じように法律家を目指していたマイノリティのほうを攻撃したのです。

なぜ、不遇を嘆くマジョリティには、最初から上にいる特権階級ではなく、社会の助けを借りて上昇しようとするマイノリティこそが「敵」に見えてしまうのでしょう?

◉正直者が馬鹿をみるのは誰のせいなのか?

社会学者のアーリー・ホックシールドは、二〇一〇年代の聞き取り調査を基に、彼らの心情を、アメリカンドリームを目指す長い列のちょうど真ん中あたりに並んでいることにたとえました。列はほとんど動かず、自分たちは疲れ、まだ何の見返りも受け取っていないのに、前方ではマイノリティが連邦政府の役人に導かれて列に割り込んでいる。しかも何人も何人も。そのために、辛抱強く待っている自分たちが後ろに押し戻されている。許せない。それなのにあいつらに同情しろと言われる。理屈に合わない。ここは自分たちの国なのに。自国にいながら異邦人のような気分にさせられる。

しかし、彼らは、見える範囲の前方しか見ていません。そこで起こっている(ように見える)「不正」にだけ注目して憤慨しますが、もっと前のほうで何がおこなわれているのかは確認しようとしない。振り向けばあまりにもたくさんの貧しく不運な有色人種が見えるから振り向きもしない。そもそも、自分たちがなぜ「ちょうど真ん中あたり」にいるのかは、あえて考えないようにしている。見えないほど前にいる人たちはどうやってあそこまで行ったのか、彼らはどこからスタートしたのか、彼らの子どもたちはどこからスタートするのか、自分たちはどこからスタートしたのか、自分が並んだときにはマイノリティも並べたのか、真ん中の自分たちでさえアメリカンドリームに辿り着けるとは到底思えないのに、なぜ自分たちの後ろにまだこんなに長く列が続いているのか、そんなことを考えると嫌な気分になるし怖くなるから。

自分たちが今の位置にいるのも、歴史的に／もっと後ろから見れば、集団的な割り込みの結果かもしれない、それどころか、自分たちが白人に生まれたのも特定の時代に特定の地域で特定の家族のもとに生まれたのも偶然だ、とは思いもせず、この場所は自分で勝ち取ったのだ（もっと前にいてもいいくらいだ）と信じて疑わず、その自分たちの前にマイノリティがいるのは、どんな事情があったとしても、絶対に不正だ、と決めつけるのは、強固な特権意識です。権利（right）とは区別される特権／既得権（entitlement）という言葉は、一般的には、政府には自分たちを支援する義務があると考える（と思われている）マイノリティの「勘違い」を批判する文脈で使われます（真ん中あたりのマジョリティの多くは、金持ちの強欲と独り占めではなく、貧しいマイノリティが「助けてもらって当然」だと思っていると思い込み、彼らが「傲慢で過大な要求」をし、政府がそれに応えて気前よく「与え過ぎる」ことを非難します。日本で、一部の人たちが、そんなものは存在しないのに、在日韓国朝鮮人の「特権」を非難するのと同じです）。しかし、この言葉は、むしろ、ここ（から先）は自分たちの領域であり、その恩恵は自分たちだけが享受する、マイノリティはここに入ってこ（られ）ないのが＝後ろにいるのが当然だ、というマジョリティの意識を表現するのにこそふさわしいと言うべきでしょう。

なぜ彼らは、いや、われわれは、異人種・異民族・異教徒や女性や移民・難民ではなく自分たちこそが報われるべき国民だと考え、そう考えることは差別的ではないと思うのでしょう？

◉見えない（構造的な）特権

自分たちが前あるいは上にいるのは当然であるという感覚は、自集団の優越を前提としていますが、それが差別に感じられないのは、自分たちは「標準」（＝無色透明）であり、異質な（＝色の付いた）他者を見分けその害悪を「審判」できると信じ込んでいるからです。国際社会での「アメリカ」、アメリカ国内での「白人（男性）」は、自分たちを超越的な存在にしてしまったが故に、自分たちの立ち位置を相対化できず、自分たちも一つの特殊な国・集団であることを認識できずにいます。視点を少しずらせば、彼らだって、異人種・異民族・異教徒であり、数多くの性自認・性的指向のうちの一つを持つ者にすぎず、幸運にも国外に移動しなくて済んだだけなのに。

自分は「普通」だと思っている「日本人」も同じです。その「普通」が特権であることを自覚し声を上げなければ、次のような醜い差別はなくならないし、自分たちが差別されることに対処することもできません。そういう意味では、ここに出てくる男性と女性は、どちらも「私たち」なのです。

二〇二一年六月、多様性を寿ぐ東京オリンピック・パラリンピックを間近に控えた都内の公園で、息子を遊ばせていた日本人男性が、娘を遊ばせていた南アジア出身のムスリム女性に、自分の息子がその女性の娘に蹴られたと抗議、女性が娘は蹴っていないと反論したところ、男性が警察に通報、警察官六人が駆けつける「事件」がありました。

言い分が食い違って口論になること自体は、よくあることでしょう。「醜い」のは、日本語が不自由な子ども連れの外国人女性に対する、この男性と警官の発言・態度および警察の「捜査」方法でした。たまたまその場にいて仲裁に入り英語で通訳を買って出た人の証言によれば、息子が「暴行」を受けたと警察を呼んだ男性は、ヒジャブを着用していたこの女性に「外人は生きている価値がない」と言い放ち、タバコの煙を顔に吹きかけたそうです。六人の警官は誰もそれを咎めず、それどころか、そのうちの一人は、三歳の娘に対して「どうせお前がやったんだろ」と決めつけ、女性に対しては「本当に日本語しゃべれねえのか」と問い質した。女性は帰宅したいという意思を伝えたにもかかわらず、警察署への「任意」同行を事実上「強制」され、子どもが子どもを蹴った（かもしれない）という「事件」で、さらに取り調べを受けました。署では、母語の通訳は用意されず電話での英語通訳のみ、トイレにも行かせてもらえず、娘のおむつを替えることも許されず、自分は娘から目を離しておらず娘は蹴っていないと言っても信用されず、女性を退出させ一人残した三歳の娘に対して複数の警察官が「任意」の事情聴取をおこないました。さらに、警察は、息子が蹴られたことに対して民事訴訟を起こすと言い出した男性に、女性の氏名・住所・電話番号を伝えたのです。警察側は女性の同意を得たと弁明していますが、女性は、同意していないし、それでも伝えると警察が言っているのは電話番号だけだと思っていた、と語っています。しかも、警察は、娘に対する監督が不十分だとして、この女性のことを児童相談所に通告したのです。

実際に何が起こったのかは、正確にはわかりません。ただ、差別発言についての第三者の証言はかなり信憑性が高いですし、三歳の娘を母親から引き離して個別に事情聴取したことは警察も認めています。警察が男性に女性の個人情報を教えたこと、その同意について警察と女性の認識にずれがあること、警察が女性と十分にコミュニケーションが取れないまま児童相談所に通告したことは、事実です。

◉おわりに

「郷に入っては郷に従え」とよく言われます。それは、ほとんどの場合、既存の「秩序」を乱すな、文句を言わずおとなしく山の底辺に立て／列の最後尾に並べ、騒ぎ立て自己主張をするなどもってのほかだ、ということを意味しています。この「秩序」は、ほぼ不可避的に、新参者が、あんなおかしな奴らが、自分よりも上にいる／前に来ることなど許さん、そんなことがあればそれは不正だ、そうだ、自分が進めないのは大規模な不正が横行しているからだ、という妄想を掻き立てます。

この郷の「しきたり」自体を見直して、同じ場所で生活する人は、人種や民族や宗教や性自認・性的指向や出身地や国籍、さらには能力や功績が違っていても、みんな同じように幸せになる権利を持っている仲間だと考えない限り、マジョリティだけが得をする社会は変わらない。そういう社会では、マイノリティだけでなくマジョリティをも苦しめる格差もなくならず、不遇なマジョリティは「普通」から転落することを恐れてさらにマイノリティを差別してしまうのです。

足元を見てみましょう。傾いているはずです。でも、この山は変えられます。集団の枠を越えて、実際に近くにいる人たちと手を取り合いましょう。もっと低くなだらかにしたほうが、誰かが損をするのではなく、みんなのためになるのだから。前を向いてみましょう。先は細く遙か遠くまで続く成功への一本道にしか見えないかもしれない。でも、それも、たくさんの道が行き交い、別の山にも行ける、みんなの広場にすることもできます。これこそ妄想でしょうか。それを現実にするか妄想のままで終わらせるかは、私たちの選択次第なのです。

第2章

「差別ではなく区別」ならいいのか？

大森一輝
森川美生

1930年代のジョージア州にあった白人専用（上）と黒人専用（下）の学校です。当時のアメリカ南部では、これでも「差別ではなく区別」だと思われていました。

（出典）https://www.loc.gov/item/2017762473/
https://www.loc.gov/item/2017794883/
米国議会図書館

◉はじめに

この章では、さまざまな場面でしばしば持ち出される「差別ではなく区別（なのだから問題ない）」という（屁）理屈について、人種やジェンダーで分けることを正当化する使われ方の実際とその「効果」を、アメリカの歴史を題材にして考えてみたいと思います。

◉アメリカ史上最悪の「差別ではなく区別」論――「隔離しても平等」

南北戦争後のアメリカ南部では、奴隷身分から解放された黒人（少なくとも黒人男性）は、いったんは国民としての権利を付与され、政治にも参加できるようになりました。しかし、一八九〇年代になると、南部全域で、巧妙なやり方によって選挙権を剥奪されたばかりでなく、社会生活のすべての面で法律・制度上の差別に服さなければならなくなります。それを正当化したのは、司法の最終判断を下すアメリカ合衆国連邦最高裁でした。鉄道車両を人種別に分けることとの合憲性が争われた一八九六年のプレッシー対ファーガソン事件判決で、最高裁は、公共施設・交通機関では、「分離しても（同等の設備・サービスが提供されていれば、差別ではなく）平等」であるという法理を打ち立てたのです。まさに、人種隔離は「差別ではなく区別」という判断なのですが、これによって、「中身は同等だ」と言い張りさえすれば、実際には「分離され不平等」であっても、それを放置する人種差別にお墨付きが与えられることになってしまいました。その後半世紀以上にわたって、南部の黒人は、分け隔てられ、蔑まれ、打ちのめされても、黙って耐えることを余儀なくされます。

黒人たちには独自のコミュニティがあり、必ずしも積極的に白人との交流を求めていたわけではありません。また、分けることが必然的に上下関係を生み出すわけでは（少なくとも理論上は）ないでしょう。しかし、現実には、アフリカ系は、単に「別の」集団というだけでなく「劣った」存在であるとみなされ、白人と出会うたびに日々屈辱的な扱いを受けました。人種間の「エチケット」は広範囲に及び、黒人男性は白人女性を見つめない、白人には必ず道を譲る、買い物は白人客の後、衣服は試着しない、など、人々の精神と生活を縛りました。「黒人用」とされたものはすべて劣悪であり、とりわけ、子どもたちの学校が同等な環境どころではなく、教育による上昇の機会が著しく制限されていたことは、この「区別」が破り難い牢獄であることを示していました。変革を試みようにも、「分」をわきまえない黒人に対する制裁は凄惨であり、リンチ（私的な懲罰）による死を覚悟しなければならなかったのです。

このような「分離」を当然の「区別」であると言って憚らなかったのは、もちろん、白人の側でした。表面上はともかく、本気で「区別なのだからこのままで構わない」と考えていた黒人は、いたとしても、ごくわずかだったでしょう。「差別ではなく区別」論を考えるにあたっては、「誰が」そう主張しているのかが、決定的に重要です。それを抜きにしてこの問題を語ることはできません。分けようとしている側は、その社会のなかでどのような立場にいて、その力をなぜ・どのように行使しようとしているのか。そして、分けられる側の人たちは、それに納得・合意しているのか。

権力関係への自覚を欠いた「差別ではなく区別」論は、「差別ではない」のだから文句を言うな（プレッシー事件の判決文にあるように、お前たちが勝手に差別だと思い込んでいるだけだ、自分たちだったら分けられても劣等感など持たない）という、それ自体が暴力的言説となります。そこに透けて見えるのは、批判を封じ、従属を求め、それを互いの利益に適った「秩序」だと強弁するマジョリティの姿です。マイノリティの「他者」化が（社会的分離はその集約的表現です）、不可避的に暴力的抑圧を招き、物理的暴力をも誘発することは、歴史が証明しています。二〇世紀前半のアメリカにおける人種関係も例外ではありません。その醜さと「する側・される側」両者の心を蝕む破滅的な影響を憂い、上からの「区別」の強制は本質的に差別であると後に喝破（かっぱ）したのは、ほかならぬ最高裁自身だったのです。

◉差別認識の変化――隔離は「本質的に不平等」

最高裁が当初指示していたのは、プレッシー判決どおりに、人種で分けるのなら「中身は同等に」＝「差別ではなく区別に」せよ、ということでした。だからこそ、一九三〇年代後半から五〇年代初めにかけての州立大学の大学院をめぐる一連の判決で、黒人用の大学院が存在しないのであれば（あったとしても申し開きのできないほど貧弱な「大学院」であれば）、正規の大学院に黒人を入学させなければならない、としたのです。さらには、入学はさせるが教室や図書館や食堂で座席を指定することによって学内で隔離することも、議論や意見交換という修学上の重要な場を奪うため「同等の」扱いではないとして退けました。そのような制限を撤廃したところで白人学生は黒人となど接触しないという論難に対しては、「学生間の知的交流を禁ずるような制約を州が押しつけることと、州によるそのような妨害がない状況で個々人が交流を拒むことは、憲法の観点からも、まったく違うことである」と応じたのです。

こうした流れは、「中身が同等なら」差別ではないと言う場合の「中身」の拡大と捉えることができるでしょう。黒人用の「同水準の施設があるか」否かから、（ない場合、白人用の学校への入学を許すとして）黒人でも「同じように設備を使えるか」、そして、（同じ設備を使えたとして）「同じ学生として学ぶ機会を与えられているか」が問われるようになったのです。隔離を差別ではないと言うためには内実を徹底して同等にしなければならない、しかし、それを突き詰めると「壁」を設けること自体できなくなる、つまり、法による分離が、平等＝「差別ではなく区別」であることは不可能ではないのか。この問いこそが、初等・中等教育レベルでの人種隔離を裁くことになるブラウン対教育委員会事件で、それまでの原理を一転させる判決を導く論理になりました。

主席判事アール・ウォレンは、一九五四年五月一七日、自由主義陣営の盟主としてのアメリカの威信をかけて、次のように宣言しました。学校を人種別にすることとは、「物理的な設備や他の「有形の」要素がたとえ同等であったとしても」、子どもたちの心に取り返しのつかない傷を負わせ、均等な教育機会を損なうが故に、「そもそも不平等であり」、「公教育の分野では「分離しても平等」という原理を受け入れる余地はない」。これによってプレッシー判決は覆されたのです。強烈な優劣意識が埋め込まれている人種概念の場合、「区別（を強要）したら差別」なのだ、という認識（黒人なら誰でも感じていたこと）が、ようやくアメリカ社会に共有され始めました。その適用範囲も、その後の立法によって、教育（公立学校）だけでなく、社会（公共施設・交通機関）、政治（公職選挙）、経済（雇用）にまで広げられ、人種による別扱いは禁止されることになります。それでは、人種以外の「区別」はどうなのでしょう。

◉すべての区別が悪なのか?――「枠」と「壁」

プレッシー判決では、「分離しても平等」を正当化する根拠の一つとして、年齢別・性別そして特別な配慮が必要な生徒用の学校の設立が認められていることを挙げています。このような「区別」は現在でも存在しますが、人種隔離とは、どこが・どう違うのでしょうか。

教育課程を年齢別に編成することは、発達段階に応じた学習を保障するためですが、アメリカではその枠に収まらない子には飛び級が許されています。女子のみ・男子のみの学校は（公立ではそもそもごくわずかしかなく）例外的な選択肢であって、誰もが男女共学の学校に通うことができます。病気や障碍その他の事情で別の学校／クラスで教育を受けることは義務ではなく権利であり、希望に応じて普通学級で学ぶことも当然できます。つまり、差別的なのは、分けることそのものではなく、より正確に言えば、分けたうえで、そのカテゴリーの人たちすべてをそこに押し込める（どんなに才能があっても自分の学年より上のレベルでその力を磨くことができない、女性は女子校にしか行けない、障碍があるというだけで地域の学校が門前払いする）ことなのです。

「人種別」が問題だったのも、その「区別」を便宜的・可変的な「枠」ではなく絶対に越えてはならない「壁」にしたからでした。「区別」が「自然」で正しいと考える人たちは、「壁」を壊すことは強制的な混合だと言います。ですが、分かれていることが「自然」ならば、「壁」などなくとも分離したままのはずです。分離の強制を解消することは、プレッシー判決の言うように「身体的相違に基づく区別を消し去る」ことではなく、（過剰な意味を負わされた）身体的相違（とみなされているもの）に基づく権利侵害を止め、自発性を尊重するためにも、選択の自由を認めて、マジョリティが独占してきた機会を開放することなのです。その結果として、「自然に好感を持ち、互いの長所を理解し、個々人が自発的にそうしたいと思うように」なって分離が崩れ交流が生まれても、何の問題もないはずです（プレッシー判決では、交流がないのだから分離は当然で、それを崩すことはできない、という論理だったのですが、分離をやめれば交流が始まることを知っていたからこそ、それを恐れていたのでしょう）。そのうえで、「区別」されてきた側の当事者が、場合によっては、「自分たちだけ」の環境を欲することも、十分あり得ます（黒人大学や女子校が安心と誇りを感じられる場であるように）。しかし、そのこと（「本人たちが望んでいるのだから」）は、分離を一律に迫ることを正当化しません。「壁」の中に入れられ、そこから出る自由を奪われることは、不要な苦しみや不当な汚名の源なのだから。

要するに、「上からの」（強い立場の者による）完全「分離」の（外側からの）強制を「差別ではなく区別」と言うことはできないのです。しかし、一九七〇年代に入ると（そして、潜在的には今でも）、「区別」をなくすことは均一化の強要であるという主張が別の方面から出てくることになります。同じ意向の者同士が自主的にまとまるだけでなく、制度としての「壁」も残してもらいたいと、囲い込まれていた側の人たちが言い出したのです。

「下から」（「当事者」が内側から主体的に）求めた「区別」は差別にはならないのでしょうか。

（大森一輝）

◉男女平等という「危険思想」

意外に思われるかもしれませんが、アメリカの憲法には、未だに男女平等を規定する条文が存在しません。男女平等憲法修正（以下ＥＲＡ）は、最初の提案から半世紀近くを経た一九七二年にようやく連邦議会両院を通過しながら、批准する州が足りず、一九八二年に不成立となり、現在に至っています。「合衆国もいかなる州も、法の下の権利の平等を、性別を理由に否定・制限してはならない」という、至って単純明快に思えるこの提案のどこに、否定され、議論され続ける余地があるというのでしょうか。

ＥＲＡに反対したのは、保守派の男性だけではありませんでした。多くの女性たちが、自分たちが大切に思い実践している「伝統的」価値観や生活様式への脅威として、平等に反対し「区別」の継続を求めたのです。その中心人物フィリス・シュラフリー（一九二四〜二〇一六年）の論点をまとめると、反対する理由は次の二つの不安に集約されます。まず一点目は、女性が保護してもらえなくなること。二点目は、男性に認められている自己決定権を女性にも平等に認めると、中絶のような「罪深い行為」が合法化されることです。

とくに一点目の、女性に対する保護規定撤廃は、家庭の主婦たちにとって死活問題であり、強烈な恐怖心を掻き立てました。一九七〇年代に発行された全米カトリック女性協議会のパンフレットは、ＥＲＡが成立すると「女性にも「平等に」稼得責任を負わせるという新しい原理」によって、妻を扶養することが夫の義務でなくなるなど「妻の法的地位が激変」し、「社会の最重要単位である「家族」の安定性が失われる」と訴えました。より深刻な事態として、離婚した場合、親権や養育費・生活費に関して女性有利に取り扱ってもらえないどころか、たとえ夫に捨てられ幼い子どもを抱えていても夫の負債は免除してもらえず、未亡人も夫の生前の収入に基づく社会保障給付を受け取る権利を奪われ、さらに、働く女性を護る州の労働法やガイドラインも無効になり、あげくは、女性も軍隊に召集され、男性同様戦闘任務に就かされると警鐘を鳴らしました。しかし、これらの主張は杞憂にすぎません。ＥＲＡは、あくまで「法の下の権利の平等」という、いわば基本的人権を謳っているだけであって、義務をセットにして、たとえば有償労働や兵役のような何らかの具体的行為を全国民に強制するものではないのです（離婚した際の親権問題に関しては、確かに無条件に母親有利とはいかなくなるかもしれませんが、父親の権利が平等に考慮されるようになること自体、子どものためにはむしろ好ましいと思われます）。にもかかわらず、身体的性差を根拠とした性役割を差別ではない「自然」で「正当」な「区別」と考えるERA反対派の人々は、賛成派が求める「男女平等」を「男女間にあるべき「区別」を力ずくで壊すこと」「重要であるはずの家庭責任を軽んじ、女にも男並みに働く責任を負わせようとする不自然極まりない暴挙」と捉え、そんな「間違った」憲法修正が成立してしまっては、女性が「正しい」性役割を選択することが困難になる、と危機感を募らせたのです。

二点目の、中絶への拒絶感も、一九七〇年代当時から今に至るまで、保守派を中心に大きな広がりを持っています。多くの州が人工妊娠中絶を禁止しているなかにあって、そうした州法を、個人のプライバシーを保障した憲法に違反するとした連邦最高裁のロー判決（一九七三年）は、女性の生殖上の自己決定権をアメリカ史上初めて認めた画期的なものとして、多くのフェミニストに歓迎されました。これで中絶問題にも決着がつくかと思われましたが、逆に反対派が、中絶クリニックを襲撃し医師を殺害するなど、実力行使を伴う攻勢に転じ、以降国内を二分する激しい対立が続くことになります。妊娠を継続するか否かは、当の女性のその後の生き方を左右する重大な決定事項であるにもかかわらず、その決定権を当事者である女性本人に認めないという反中絶派の論理は、自由を標榜するアメリカらしからぬもののように思われますが、性差を自明視し、産むこと・母になることこそ女性最大の価値と考える保守派の人々にとって、中絶とは、高貴で聖なる女性の価値を自ら損なう忌むべき行為なのです。女性が自分の人生を選択する権利など、何より優先されるべき人の生命（それが妊娠初期の胚であっても）に比べれば、「ぜいたく品」あるいは「些末なこと」にすぎない。産む能力を授かった女性には、男性とは異なる天命があるのだから、たとえそれがレイプによる妊娠であったとしても、自分の意思や希望や計画を曲げ、黙って受け入れるのが「自然」で「正しい」ということになります。こうした観点から、シュラフリーらは、同性婚問題などともからめ、ＥＲＡは「当時も間違っていたし、今でも間違っている（Wrong Then, Wrong Now）」と、二〇一〇年代に入っても反対の論陣を張り続けました。その後、二〇二二年六月二四日に、連邦最高裁は、中絶をするか否かを女性が選択する権利は合衆国憲法によって保障されていない（中絶を認めるか規制するかは州の権限である）という判断を下し、ロー判決を覆してしまいました。

◉道は自由に作れる――二本でもなく一本でもなく

性役割に限らず、社会的・文化的性差を、身体的性差を根拠に無邪気に「差別ではなく区別」と信じている人たちというのは、世の中には「男規範」と「女規範」の二本のレールしか存在せず、人は皆どちらかのレールの上を歩かなければいけないと考えているように見えます。男は「男規範」のレール上で「男らしさ」を追求し、女は「女規範」のレール上で「女らしさ」を追求するのが「自然で正しい」。男女それぞれの規範はまったく次元の違うものであるから価値の上下はなく、両者が力を合わせて補い合うことで、支え合って社会が成り立つと考えているのでしょう。その立場からすると、「男女平等」を求める人というのは、「男規範」にのみ価値を置き、「男女ともに男レールに乗せろ、女レールなど不要どころか有害だからいっそ壊してしまえ」と要求しているように見えるのかもしれません。自立して生きたいと願う女性たちが、固く閉ざされた男レールを前にして「女にも開放せよ」と強く主張したことが、「男規範」だけを持ち上げ「女規範」を無価値であると切り捨てているように（とくに女性に）受けとめられたのでしょう。「男女平等を推進すると（しすぎると）、男らしさ女らしさがなくなり、中性的で個性のない気味の悪い人間ばかりになってしまう」と信じている人たちも多いようですが、「平等」の意味を、文字どおり、「男らしさと女らしさの凸凹を均(なら)してみんな一つの型にはめ、同じ形の個人を大量生産すること」と取り違えているのだと思います。先の例で言うと、二本のレールをどちらも壊してその狭間に一本の中途半端なレールを作り、男女ともにそのレール上を歩ませようとしているように見えるのかもしれません。どちらにしても、それぞれに価値のある独立した二本のレールが、むりやり男レールあるいは中性レール一本に統合されてしまうイメージがあって、警戒しているのでしょう。

しかし、平等推進派が目指しているのは、決してそんなことではありません。男性への「男らしさ」の強制や、女性への「女らしさ」の強制を否定するのと同様に、すべての人に中性的であれと強制することをも否定しているのです。はっきり「区別」されているべき男女それぞれのレールを壊そうとしていると言われればそうかもしれませんが、そもそもレールの上を歩く必要などあるのでしょうか。選択可能な道は無数にあります。平等とは、個人の「違い」を消し去って皆同じにすることではなく、自分の道を見つける自由を万人に保障することなのです。レール上を歩きたい人はそれでもいい。自ら選び取った道であれば、たとえそれが「伝統的」なレールに重なるものであっても、価値ある一つの選択であり、妨げられたり蔑まれたりすべきではありません。どの道を選んでも、同じように尊重されるべきです。レール上を歩きたい人のなかには、それが保障されると同時に、決まったレールを歩くこと（だけ）が高く評価されないと嫌だ（レールを外れる人は低く評価されるべき）と思う人もいるでしょう。しかし、ＥＲＡ反対派の女性たちが求めるそうした男女の「区別」こそ、人生を自由に生きる権利を侵害する差別と言えるでしょう。

◉それでも「区別」は必要か？

個人の「違い」を認め、すべての道を尊重すると言いながら、平等推進派のほうこそ「男らしい」女性（バリキャリ）を褒め称え、「女らしい」男性（イクメン）をもてはやすことで、規範を否定し、「伝統的」生き方は劣等だというメッセージを発している、と言われるかもしれません。また、何と言われようと自分は「男らしい」男、「女らしい」女のほうが好ましく感じるし、自分の子どもにもそうなってほしい、と言う人もいるでしょう。ではそのときの「男らしさ」の中身とはどういうものでしょう。リーダーシップ、決断力、冷静な分析力、あるいは競争に打ち勝つ力でしょうか。だとして、それらは、女性には存在しない特性、またはないほうがいい特性なのでしょうか。そうでないなら、なぜそれをわざわざ「男らしさ」という言い方で括ってしまうのでしょう。「女らしさ」の中身も同様です。優しさ、気配り、愛情深さ、他者への共感、協調性、それらは男性にも存在するし、あったほうがいいものではないでしょうか。そうならなぜそれをわざわざ「女らしさ」という言い方で括る必要があるのでしょう。おそらくかつては、社会的な性役割があらかじめ限定されており、その役割を担うにふさわしい特徴を男女別に身につけるよう推奨するための制度的な「ガイドライン」として用意されたのでしょうが、社会的役割が激変し、選択の幅が広がりつつある現代において、こうした不要な括りは、個人の自由な生き方を縛るものにしかなりません。

こうした「区別という名の差別」が社会にはまだ根深く残っています。日本の多くの学校で使われ続けている男女別名簿もそうです。混合名簿で十分用は足りるはずですが（ほとんどの大学ではそうです）、男女別のほうが昔からの慣習であり便利、「ただの区別だから問題ない」として、今でも多くの学校が採用しています。トイレや更衣室など、身体的相違に沿った「区別」が合理的な場面はあるでしょうが（それとて絶対ではありません。ほとんどの家庭や小規模な店舗ではトイレも男女共用でしょう）、それ以外の（分ける必要のない）場面において、教職員がつねに男女で「区別」をし、男子が先で女子は後、男子が前で女子は後ろ、という管理・指導を繰り返していれば、子どもたちは、意味なく「区別」されることに何の疑問も持たぬほど慣らされ、「区別という名の差別」への感受性が鈍ってしまいます。そして、それをおかしいと感じ抗議の声を上げる者を、「どうでもいいことで余計な波風を立てる」と謗るようになります。「どうでもいいこと」なら、変えることもできるはずなのに、頑(かたく)なに変えようとしないのは、「どうでもよくない」からなのでしょう。かつてのアメリカ南部でのバスの座席は白人が前・黒人は後ろという規則のように。しかし、それを問い直すことが公民権運動の起爆剤となったのです。

日本の選択的夫婦別姓問題も、男性優先の無自覚な実践という意味で、根は同じです。日本は歴史的には別姓でしたが、一八九八(明治三一)年の明治民法以降、法律婚をするには同姓にしなければならなくなりました。強制的夫婦同姓です。名前というのは個人にとっては自己の人格を象徴するものとして尊重されるべきことが法的に認められています。夫婦同姓の強制は、この人格権を侵害することになります。どちらの姓を選んでもいいことにはなっていますが、夫の姓を選ぶカップルが九五%と、「自由な選択」の結果にしては大きな偏りがあります。改姓を余儀なくされる女性には、生活上・精神上さまざまな不利益が生じ得ます。そこで、一九八〇年代以降、法律婚をしても別姓を選べるようにしてほしいという声が高まったのですが、政府与党内に根強い反対(家族の絆が崩壊する!)があり、何度となく野党が超党派で法案を国会に提出しても審議されないまま廃案になることの繰り返しで、法制審議会が別姓を認めるべきとの答申を出して三〇年近く経っても法の改正は阻まれたままです。そこで、改姓したくない人たちは、事実婚を選んだり、法律上は片方が改姓したうえで、仕事や日常生活では旧姓を「通称」として使用したりするなど工夫しています（事実婚は制度上不利益がありますし、通称使用は公的書類が戸籍名なので本人証明に手間がかかる等の不都合があります）。提案されている選択的夫婦別姓制度は、全員別姓にしろというのではなく、希望するカップルだけが別姓にできるというものです。夫の姓になりたいという女性にまで別姓を強制するものではありません。それなのに、反対派はなぜ赤の他人の別姓選択を許せない／全員に同姓を強制したいのでしょうか。別姓では家族の一体感がなく離婚しやすいと危惧されているようですが、同姓であれば心が離れることなく婚姻解消に至らないかというとそうでもありません。姓の異なる他人と強い絆を築いた経験がある人ならば、人との繋がりを揺るぎないものにするために大切なのは姓ではないことがわかるでしょう。「子どもがかわいそう」という非難も多いですが、別姓の両親を持つ子どもを「かわいそう」にするのは、両親の姓が異なることではなく、そのことに対する周囲の差別的なまなざしです。男女の社会的立場をあくまで「区別」したうえで、家族の代表は男性であるべき、特別な事情がない限り女性が改姓するのが「自然」で「正しい」と考え、自分がそうするのは自由ですが、それを国民すべてに押しつけるのは抑圧的であり、何より、改姓したくない人たちの権利を侵害する差別行為となります。そんな大ごとではなく、そもそも姓など個人を識別する記号にすぎないのだから変わっても大した問題ではない、細かいことを気にしすぎだ、好きな人と同じ姓を名乗れるなんてむしろ喜ばしいことで、そうしたくないのはそれほど相手を好きじゃないからだと言う人たちは、男性である自分が改姓を迫られても（あるいは自分の恋人の男性が改姓を嫌がっているときにも）同じことが言えるか考えてみてほしいのです。圧倒的な不均衡（男性の五％しか改姓しない）は、それが「どちらでも構わない」わけではないことの表れではないでしょうか。

◉「男女平等」に向かうための「区別」

男であっても女であっても同じ人間として等しく扱われたい、というのは人権に属することでしょう。ところが、レールを外れた女性が平等な扱いを求めると、「権利ばかり主張されても困る、権利を認めてほしければ、義務を果たしてから言え」という声が浴びせられます。権利と義務を表裏一体のものとみなし、義務と「男役割」を同一視し、男と同じことができなければ、女性の処遇が違っても、それは当然の「区別」であるという受けとめ方は、「一般常識」として広く世間に流布しています。ＥＲＡ反対論が喧伝（けんでん）するような、男女平等になれば女性にも家計負担や兵役義務が課されるという発想の根底にあるのも、この考え方です。しかしここには、権利の平等についての明らかな誤解があります。人権とは、アメリカ独立宣言が謳うように、人が生まれながらに持つ奪われることのない権利であり、自らの生命と自由を確保し、それぞれの幸福を追求する基盤です。伝統的な男性市民としての義務を果たす者だけに権利を認めるのであれば、赤ん坊や子どもや障碍者や何らかの事情で男性のように私生活を犠牲にして働けない女性など、「義務を果たせない」とみなされた人は、権利を失うことになります。人権について「男並みのこともできないくせに権利を要求するなどあつかましい」という批判はあたりません。彼らの言う「義務を果たせない」状況にある人々にこそ、必要な手当をして、権利の行使を保障しなければなりません。それこそ国家の義務と言えます。

アメリカでは、一九六〇年代後半から、アファーマティヴ・アクション（積極的差別是正措置）が実施されてきました。単に平等な機会を提供するだけでは過去に蓄積された、そして現在も続く差別の結果を是正しきれないとの判断から、数値目標を導入するなどして、マイノリティや女性に教育・雇用・昇進等の機会を確保するよう努めてきました。ところが、一九七〇年代後半以降、こうした施策に対し、「逆差別」との批判が高まります。「男女を平等に扱え」「区別も差別である」と言う一方で、女性を「優先」するのは確かに論理的に破綻しているように思えるかもしれません。しかし、そうした批判は男女のバランスがとれた状況で初めて言えることです。長年の集団的差別の結果、アメリカ社会は今なお非常にアンバランスな状態にあります。全米の代表的な企業五〇〇社のなかで、取締役に占める女性比率は、増加傾向にあるとはいえ、二〇二三

年時点でも全体の三分の一、つまり男性の半分に留まりますし、CEOの女性比率に至っては、一割にも届きません。世界経済フォーラムが発表したジェンダー・ギャップ指数のデータでは、連邦議会の女性議員比率は二〇二四年時点でも三割に満たず、経済界でも政治の分野でも重要な意思決定の場にいる女性の少なさが際立っています。アメリカという船は大きく傾いた状態にあります。安全な航海のためには、可能な限り早く船全体の傾きを正すことが先決であり、個人レベルの不満をどのように調整するかは、それをふまえて考えるべき課題ではないでしょうか。男女を「区別」し別々に役割を担っていた時代には船は傾いていなかった、元に戻すことで安定を「回復」すべき、という主張は、時代錯誤と言うほかありません。ジェンダー・ギャップをなくすと同時に経済的にも成功しつつある北欧諸国の例を挙げるまでもなく、多くの企業が、意思決定の

場に多様性を確保することで、変化する社会に柔軟に対応しようとしています。こうしたバランス確保のシステムは、船がいったん安定した後も、継続して必要になります。どんな船でもバランスを失う可能性はつねにあるため、全体として公正さを保つ恒常的な仕組みを構築しなければならないでしょう。

日本はアメリカ以上に厳しい状況にあります。二〇二四年のジェンダー・ギャップ指数を基にした男女平等ランキングは一四六か国中一一八位と、先進諸国中ほぼ最下位に低迷しています。とくに政治・経済分野の女性比率の低さが際立っており、国会議員では、参議院でも三割に遠く及ばず、衆議院では約一割、管理的業務従事者の比率は二割に届かず、上場企業の女性役員比率にいたっては、わずか一割となっています。二〇二〇年までに指導的立場の女性比率を三〇％にするという政策目標は、法的拘束力のない形だけの「努力目標」にすぎず、到底達成できませんでした。女性には家庭責任もあるし（男性には家庭責任はない？）、女性向きの業務とそうでない業務がある（「差別ではなく区別」）、という先入観が根強く残る与党内では、無能力な女性をむりやり政治家や管理職にすると現場を混乱させ軋轢（あつれき）を生むだけである、男性はやる気をなくし、女性は過剰なストレスを抱える、などの反対意見が幅を利かせており、目標達成を確実にするためのクオータ制導入ではなく、あくまで「努力目標」に止めることで、体裁だけ整えたということでしょう。女性管理職が少ない理由として、企業側からは、肝心の女性の側に意欲や能力が不足しているという声を耳にしますが、それこそ男性と同等の教育や指導を受けられず、職域を制限され、低待遇や低評価に甘んじるしかなかったために、指導的立場になる意欲や能力を育てられなかった女性たちが多いということだと思います。今後は「区別という名の差別」のない教育・指導、人事をおこなう必要があるでしょう。また、そうした差別によって不利益を被り続けてきた女性たちがチャンスを求めるのであれば、相応の教育・指導をおこなうとともに、挑戦的な仕事を与えることによって経験を積ませることを積極的に繰り返し、辛抱強く育成に取り組むことで、従業員の有効活用にも企業の多様性の確保にもつながるのです。全体レベルの平等環境（差別の是正）実現のために女性たちが望む「区別」（他の条件が同等であれば女性のほうにチャンスを与えること）は差別とは言えないでしょう。それを「逆差別」と言うのであれば、同じ能力・資格の二人のうち、あえて「男性のほう」を抜擢することが、差別解消より重要である理由を示さなければならないはずです。

◉おわりに

人を分け隔て、異なる対応をするにあたり、「これは差別ではなく単なる区別なのだから何も問題ない」という言い方が正当性を持つか否かについて、人種とジェンダーを切り口に考えてきました。確認できたことを最後にまとめましょう。

社会のなかのマジョリティ（多数派／主流派）が、マイノリティ（少数派／被抑圧者）を、法や制度あるいは慣習によって一律に別扱いする「上／外側からの区別」は、「区別ではなく差別」です。人種隔離は差別であるという認識に至るまでに費やした歳月と犠牲を思えば、逆戻りを許すわけにはいきません。

マイノリティ自身が求める「区別」（別のニーズに基づいた別の生き方）も、それをその集団のメンバー全員に強いるのであれば、内側からの「区別ではなく差別」になります。性別分業を対等と考える保守派の女性たちが、「区別」をなくす男女平等の推進こそ保護される権利を奪う「差別」だと捉え、「区別」されたいという意向を示すことは尊重されるべきでしょう。しかし、それをすべての女性に押しつけることは横暴（機会の平等・選択の自由の抑圧）の誹りを免れません。平等を求める女性たちの側は、「区別」を望む女性たちが「女らしく」生きる権利を認めないわけではないのですから。つまり、カテゴリー（女性／黒人の立場）に個人を閉じ込めることも、カテゴリー（女性／黒人としての連帯）を全否定することも、ともに差別的であり、ジェンダーも人種も作られたもの（社会的構築物）だと自覚しつつ、その境界をできるだけ開放し、流動性を高めることが肝要なのです。

ただし、人種問題もジェンダー問題も虚構ではなくリアルであり、法律上機会の平等が達成された今もなお残る格差を是正する必要に迫られています。格差を是正する試み＝「条件付きの区別」（資格が同等で潜在的な能力が認められればマイノリティのほうを登用すること）は、「差別ではなく区別」として許容されるべきものでしょう。

社会的立場の弱い集団に対しておこなわれる／その集団内で望まれる「区別」は、容易に強制となり、差別に転化します。そうならないのは、その「区別」によって、社会的に不遇な人々の権利と利益が増進される場合のみです。「区別」は、基本的に差別（その温床）なのです。

（森川美生）

第II部

質疑応答

第3章

差別反対論は個人の自由を抑圧する？

——学生との対話——

大森一輝
森川美生

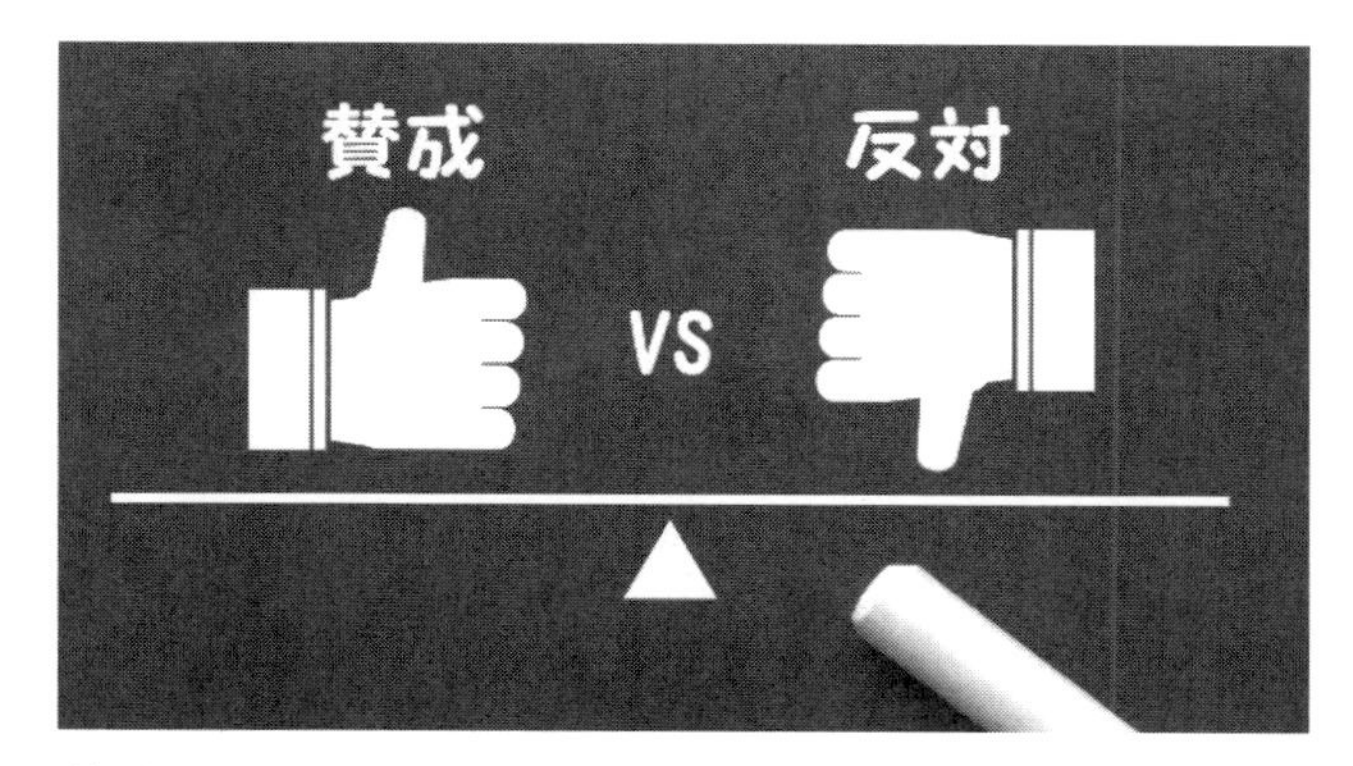

差別是正策に対して、「強引だ」「間違っている」「新たな差別だ」と反対する人もいます。しかし、現に「強引で」「間違っている」「昔からの差別」は残っています。条件を同じにするだけでは解消されない大きな格差を改善するには、どうしたらいいのでしょう？

※この章では、大森（O）と森川（M）が、学生（AさんとBさん）の質問に答える、という架空対談の形で、第1章・第2章で説明したことを確認すると同時に、この先の第4章・第5章を読んでもらうための準備をします。

【「逆差別」について、もう一度考える】

（O）最近日本でも「逆差別」という言葉を聞くことが多くなってきましたが、それについては、どう思いますか？　マイノリティにはマジョリティを差別する力なんかないのだけれど、たとえば、女性専用車両があることで、女性が男性を差別しているように感じてしまうのは、なぜだろう？　設置している鉄道会社の社長や重役のほとんどは男性なのに。

（A）第1章にもあったように、女性が優遇されること＝男性の冷遇と受けとめるからではないでしょうか？

（M）そもそも、女性専用車両は「優遇」ではないですよね。痴漢されにくい環境が用意されることが「優遇」で、痴漢を放置するのが「普通」というのは、おかしい。

（B）もちろん痴漢は卑劣な性暴力で撲滅すべきですけれど、そのために成人男性全体を潜在的な性犯罪者として扱うのはどうなのかな、と思います。女性専用車両が子どもや障碍者や介助者を除くすべての男性を排除しているのは、そういうことですよね?

（M）確かに、悪いのは男性一般ではなく加害者で、守るべきなのも、理想的には、女性だけではなく被害を受ける可能性のある人全員でしょう。そういう意味では、女性専用車両はあくまでも不完全な対症療法ですが、痴漢がいっこうに減らない状況では、ないよりはマシです。それに、男性を差別しているのではなく、被害を減らそうとしているのだから、痴漢冤罪を恐れる男性にとっても有益なのに。

（O）ここは重要な点ですね。集団を便宜的に使う間違った例としては、アメリカのレイシャル・プロファイリングがあります。これは、特定の人種のメンバーはこういうことをやるはずだという思い込みをもとに捜査とは名ばかりの人権侵害をする、つまり特定の人物をその人種ゆえに加害者だと決めつけることですが、女性専用車両はそんなことはしないし、できない。むしろ、被害者のほうを大まかに特定して、犯罪を予防しているだけだから。

（B）そうであっても、やはり、男性は痴漢をするものだ、という偏見を助長するのではないでしょうか?

（M）それをなくすには、実際に男性が痴漢をする事件を減らさないとね。

（B）それは、痴漢をする人に言ってもらわないと……。

（M）減らすための努力は誰にでもできると思います。周囲に関心を持ち、もしそういう状況に遭遇したら、傍観者にならずに、たとえば、電車が揺れたタイミングで加害者と被害者の間に自分の体を入れる、その場で声を上げる、必要であれば駅員や警官に証言する。痴漢を容認するような言動を見聞きしたら、無視するのではなく、きちんと応答する、とか。

（A）「女性専用車両」ですが、名称は、女性優先の「痴漢対策強化車両」とかにしてもいいかもしれません。監視カメラをたくさん付けて。

（M）監視カメラは、プライバシーの問題もあるから、慎重な扱いが必要だし、「やりすぎだ」と叩かれそうだけどね。

（A）実際に被害はあるのに、その対策について、どうして「やりすぎ」とか「気にしすぎ」と考える人がいるんでしょう？

（M）被害を訴えられることへの恐怖、訴える人への嫌悪があるからかな。今まで声を上げられなかった人たちが声を上げると、そういうことを気にしないでいられた立場の人たちは、突然責められるようになったと感じるのでしょう。自分はごく「普通」の人間なのに、なぜか「加害者」扱いされている、と。あるいは、冤罪を恐れる男性への対策はないのに女性だけが守られていてズルいという気持ちもあるのかな。

（O）それは人種差別でも同じ。自分のことを「普通」だと思っている人は、たいてい差別に無頓着です。そして、往々にして被害妄想に駆られる。だから、これまでおとなしかった、というか、黙らされ、泣き寝入りするしかなかった人たちが、ようやく声を上げ差別対策の不備を「批判」するようになっただけで、なぜか「非難」され「攻撃」されていると思ってしまう。彼女ら・彼らは、攻撃じゃなくて、「対話」を求めているのに。

【区別が差別になるとき、ならないとき】

（B）「対話」ということは、全部個人として個別の話し合いで解決すべき、ということになるのでしょうか？　差別されている側は、集団としての救済を求めているんですよね？

（M）性別や人種で人のことを決めつけて酷い扱いをするな、と言う人たちが、そのカテゴリーを使って団結するのは、矛盾していると思うかもしれませんが、そうなった経緯を考えなければなりません。社会の側が、女性や黒人を劣った存在とみなし、その人たち全員の自由を制約した。先にそういうことをされたから、同じように扱われている人たちが力を合わせて抵抗するようになったのです。

（A）特定の人たちを上から差別するための檻に閉じ込めることと、そういう経験を共有する人たちが横に手を伸ばしてつながることは違う、ということですね。

（M）そう。この檻に閉じ込めるなと、檻の中から叫ぶことは、必要なことだったし、残念ながら、今でもまだ必要。そして、檻を壊すだけでなく、そこに入れられていた人たちが力を発揮できるように、その人たちをとくにサポートすることも。

（O）性差別や人種差別に反対する人たちのことを、女であることや黒人であることにこだわりすぎだ、と言う人もいますが、差別は個人が気にしなければなくなるというものではないし、性別や人種にこだわっているのは差別をしている社会のほうだ、ということを、くどいようですが、あらためて確認しておきましょう。

（B）今はまだそうだとしても、最終的には、人を集団として区分けすることはやめたほうがいいのでしょうか？

（O）究極的には、集団的な特性を想定し、それに基づいて区別をするのではなく、すべての人が、本当に、個人として尊重される社会を目指すべきなのだと思います。

（A）じゃあ、誰であっても、誰に対しても、「〜人」という見方をしてはいけないということになりますか？

（O）いや、集団的なアイデンティティが重要だと思っている人も尊重されなければならないでしょう。たとえば、「民族や国籍による差別をなくすために、相手や自分を「〜人」と見るのはやめましょう。あなたも、自分のことを「日本人」だと思ったり、「日本」の文化にこだわったりしてはいけない」と言われたら、違和感がありますよね。もちろん、「日本人」とは誰か、「日本文化」とは何か、というのは難しい問題だし、捉え方は人それぞれだろうけど、それでも、自分は自分にとっての「日本的」なものを自分にとって必要な程度に大切にしたい、という人がいてもいいわけで、差別をなくすためにはそんなことにこだわるべきではない、そういう意識はすべて捨て去れ、と言うのは横暴ですから。

（B）ということは、「女らしさ」や「男らしさ」を大切にしたい人、実践する人がいてもいいんですか？

（M）特定の性質を「女らしい」「男らしい」と呼ぶ必要はないと思いますが、一般的に言われる「女らしさ」「男らしさ」と重なる生き方を選ぶことは個人の自由として保障されなければなりません。ただし、そちらのほうが正しい、価値があると言ったり、それを他人に強要したりしなければ、という条件は付きますが。

（A）やはり、区別が差別になるかどうかは、第2章で論じられていたように、それが人を縛るかどうかという強制力の有無がポイントなんですね。

【否定できない違い？】

（B）意図的な区別ではなく、自然な違いについては、どう考えたらいいのでしょう？ 性別や人種で、明らかに身体は異なっていますよね？

（M）ヒトの肉体を生物学的に厳密に見てみると、「性別」といってもその水準が何段階もあることがわかってきています。性染色体ですら二種類ではないし、内性器と外性器が一致しないこともあります。さらに、体と心の性が一致しないケースや、どの性に惹かれるかという性的指向も考慮すると、性別は到底二種類には収まらず、もっともっと多様なのです。「ヒトは生物学的に男か女のどちらかであり、この事実に基づく区別は合理的だ」という考え方は、「自然」ではなく、多数派の便宜上、社会的に作られ押しつけられた規則のようなものです。この区別が不合理で抑圧的になる場面はいくらでもあります。

（A）そうは言っても、大多数の人は、体も心も女か男で一致している異性愛者ではないのでしょうか？ それに、妊娠・出産は女性にしかできませんよね？

（M）まず、多数派にだけ合わせた区別は、多数派の「都合」にすぎないことを再度確認しましょう。それに、少数派は、多数派とは違って、決して、自分たちのほうに合わせろ、と言っているのではありません。分け方はいろいろだし、分けることがいいのかどうかも時と場合による、と考えたほうが、誰にとってもより自由な社会になるのではないでしょうか。次に、妊娠・出産は、確かに卵巣と子宮のある人にしかできませんが、それらがあっても産まない人もいますし、卵巣と子宮がなくても誰にでも育児はできます。妊娠・出産できるの「だから」外で仕事をするのではなく育児をしたほうがいい、という発想は非論理的です。ヒトには、妊娠・出産・授乳以外にも性に付随する身体的な違いがあると思われていますが、それによって、やるべきことを勝手に決められ、やりたいことができないのは、おかしいと思いませんか？　頑健でも力持ちでもない男性も、冷静沈着な女性も、子どもや年寄りの世話が好きで得意な男性も、起業家精神に富み経営センスのある女性もいるのですから。

（O）人種も、生物学的に根拠のある区分ではなく、歴史的・文化的・社会的に作られた差別のためのカテゴリーです。人類は「ホモ・サピエンス」という一つの種であって、ヒトのなかに種の違いはありません。「人種」は、肌の色とか顔つきなど、文字どおり「表面的」な違いにすぎないのです。そんなもので、知的・身体的能力は決まりません。

（B）でも、短距離走やマラソンの歴代世界記録保持者のほとんどは黒人ですし、他のスポーツでも多くの黒人が活躍していて、やはり身体能力に恵まれているのかな、と思ってしまいます。

（O）マラソンのトップランナーはおもに東アフリカ出身者ですね。短距離走は西アフリカ系の人たちが多い。つまり、地域差があるのに、なぜか私たちはそれを「黒人」とひとまとめにしてしまう。その地域差も、そこで暮らす人々の生得的な特徴なのか、特定の条件の下で育まれ伸ばされた後天的な能力なのかは判定不能です。おそらくは、後者だろうと思います。東アフリカの人のなかにも、当たり前ですが、個人差はあって、長距離走が苦手な人だっていますから。つまり、生まれつき身体に違いがあるわけではない。貧しいからこそ、スポーツや芸能の世界に人生を賭けようと思う人が多くなる、という側面もありますし。

（A）私たちは、目立つ人とか、見たいものだけ見ているということでしょうか？

（O）そうですね。そして、それに自分勝手な価値づけをする。大谷翔平選手を見て、「日本人は全員野球の天才だ、素晴らしい！」と言うようなものですね。生まれつきの能力ということについては、面白い例があります。不思議なことに、欧米社会では、アジア人には必ず理数系の才能がある、と信じられています。お二人は数学は得意ですか？

（A）いえ、それほどでも。

(B) 私は、嫌いです。

(O) 「アジア人」というのも、「黒人」と同じように、デタラメな括りなのですが、アジア人であれば、理数系ができても当たり前だとみなされ、できなければアジア人のくせになぜ？と言われるのでは、良い気分はしませんよね。「数字に強い」とほめているように見えて、個人の適性や努力を無視し集団的特性だとみなすものを全員に当てはめる、まさに偏見、偏った見方だからです。

(M) 黒人は身体能力が高い、というのも、女性は共感能力が高い、というのも、事実でもほめ言葉でもなく、偏見だということですね。

(O) さらに問題なのは、黒人には身体の強さだけを、女性には感情の豊かさだけを認めていることです。黒人は肉体の動きは良いかもしれないが頭脳の働きが良いのは白人で、女性は情熱的に行動できるかもしれないが論理的に思考できるのは男性だ、と言わんばかりに。アジア系も、計算はできるがリーダーシップは取れない、と思われています。

(A) 見た目の違いについては、どう考えたらいいのでしょう？

(M) 外見も、「同じグループ」に属していると思われている人たちの間に大きな個人差があります。大柄で厳しい印象を与える女性も、柔和な雰囲気の男性もいますよね。

（O）「人種」で考えてみましょう。すぐ目につく外見の違いを意識しないのは難しい、と思うかもしれませんが、身長が高い／低い、体重が重い／軽いということも、見ればわかります。でも、その違いは、人種の違いと同じような差別は引き起こしませんよね。

（A）やっぱり、私たちはさまざまな「違い」に違った重みをつけ、気にするものを選んでいるということですか？

（O）そうです。外見の違いがあれば必ず差別が起こるわけではないのです。逆に、外見の違いを認識できなくても、それを「根拠」とした差別は起こり得る。アメリカのように人種に取り憑かれた社会では、目の見えない人であっても肌の色の違いを強烈に意識し、言葉遣いを聞くことで「人種」を識別しようとするそうです。

（B）見えるから違いを意識するのではなく、あると思い込んでいるから違いが脳裏に浮かぶ、ということか。逆なんですね。

（O）重みづけについては、次のような歴史的事実を思い起こしてください。西洋人と最初に接触した日本の人たちは、肌の色が赤鬼のようで、毛むくじゃらで、鷲のように大きな鼻をした、図体のバカでかい人たちを、「毛唐」と呼んで、怖がり、場合によっては蔑みました。当時の日本人には、白人の肌は、白というより赤みがかって見えたのです。この場合、注目した身体的特徴は肌の色だけではありません。そして、肌の色も含め、「白人の身体」は否定的に受けとめられました。つまり、私たちは、すべての身体的な＝外見でわかる違いに必ず敏感に反応するわけではなく、その時々の社会のあり方に応じて特定の違いにだけ特定の価値づけをし、嫌悪したり憧れたりする。それは、作られ刷り込まれた意識だという意味でも、科学的・論理的な根拠が存在しないという意味でも、完全に恣意的な連想です。肌の色だけを極度に重視して、白を美しい、黒を怖い、と感じる必然性は、まったくないのです。

【それでも傾向はある？】

（B）性別や人種が「自然」な違いではなく、社会的な、もっと言えば便宜的なカテゴリーだとしても、統計的に見れば、それらによる違いはありますよね？「適材適所」で能力を発揮すればいいのではないでしょうか？

（M）今度は「性差」で考えてみましょう。たとえば、統計的には男性の方が背は高いですが、その場に背の高い女性と背の低い男性しかいない場合、高い場所の荷物は背の高い女性に取ってもらう方がずっと合理的です。「性差」はあくまで統計的概念ですから、個人には必ずしもあてはまらないのです。それに、「適材」かどうかは、使われ方で変わります。お二人が卒業後に就職されたとして、入社直後から重要で難しい仕事を一人でこなすことはできませんよね。つまり、新人はすぐには使えない。「性差」や「人種差」を持ち出して語られる「適材適所」という言葉は、多くの場合、能力を発揮させるためではなく、できないと決めつけて能力を伸ばす機会を奪うために使われます。さっきの例で言えば、「新人や女性はどうせ使えないのだから、コピー取りとかお茶くみだけやらせておけばいい」というように。最初はできなくても、指導したりやらせてみたりすれば、いろんな仕事ができるようになるはずなのに。逆に、やらせなければできるようには決してならないのに。性役割や人種特性とされているものによる「適材適所」を正当化してはいけないのです。

（A）理数系に進む女子が少ないのも、適性がある人が少ないからではなく、能力を伸ばす機会がなかったから、ということですか？　理系科目が苦手な女子は実際に多かったのですが……。

（M）ＯＥＣＤや国際教育到達度評価学会の調査結果を見ても、科学的リテラシーでも数学でも得点に男女で有意な差はなく、能力的に女子が劣っているわけではないことがわかっています。それなのに、学校や教師がステレオタイプに囚われ、女子は理数系に向かない、勉強させても期待できない、という態度を取ると、そういうものかなと無意識に刷り込まれ、頑張っても仕方ないとやる気を削がれ、やらないから苦手になる、ということではないでしょうか。進学先の専攻分野は、純粋に「好きに選んだ結果」と考えるには偏りが大きすぎます。これは、学校で学ぶ内容ではなく、誰が何をどう学ぶべきかという「隠れたカリキュラム」が大きく影響していると考えられます。もちろん卒業後の産業界の受け皿の問題もありますね。このように、「機会の平等」が「結果の平等」に結びつかないのは、本人たちの潜在能力の低さのせいではなく、彼女らを取り巻く家族・学校・社会に潜む不平等、この場合は、女性に対する期待の低さが原因なのです。

（O）周りから期待されないと、能力の開花が著しく阻害されます。それは、人種的マイノリティにとっても同じことです。

（B）それでは、能力による格差はあってもいいのでしょうか？

（O）難しい問題ですね。誰もが多様な能力を発揮できて、それが正当に評価される社会であってもらいたいですが、同時に、能力の種類や多寡にかかわらず誰もが豊かな生活を送れる社会でもあってもらいたい。というのも、時代や地域によって、どのような能力に価値が置かれるかは大きく異なります。そして、どのような能力を持って生まれてくるかは、まったくの偶然です。その能力を伸ばせるかどうかも、本人の努力ではどうにもならない環境によって左右される。裕福な家に生まれるか貧しい家に生まれるかも、自分では選べないことですから。さらに言えば、努力を厭（いと）わない性格自体、本人の努力の産物というより運に恵まれ手にしたものでしかない。性格は変えられる、頑張れ、と言われても、努力が報われるという実感が持てる境遇にいなければ、それも難しい。さらには、怪我や病気・加齢などによって誰もが「能力の足りない」存在になり得る。たまたま「有能」になれた人だけを極端に優遇し、不運な人を見捨てる社会は、そのことによってもっと大きな問題を抱えることになるのではないでしょうか。みんなが「同じ暮らしをする」という意味での「平等」というか「同一」は、不可能ですし、好ましくもありませんが、「足りない」ところを公的に補い支え合って、みんなが「同じように安心して暮らせる」社会は、その気になれば作れるし、作ることを目指すべきだと思います。

【差別は「なくなる」か？】

（B）そういう平等な社会は実現するのでしょうか？　差別や、その結果としての格差って、なくなるものなのでしょうか？

（O）差別は自然に「なくなる」ことはありません。「なくす」ものです。

（A）正直に言うと、差別をなくそうとしている人たちには、強引さを感じてしまうことがあります。人の心はそんなに簡単に変えられるものでしょうか？　変えてもいいのでしょうか？

（M）私たちが二〇代の頃には、今考えるとあり得ないようなことがおこなわれ、それを正当化する発言が正しいと思われていました。頑張って仕事をすると「女が男と肩を並べて働こうなんて、何か勘違いしてるんじゃないの？」、身体を触られて驚いて声を上げると「単なるスキンシップに騒ぎすぎ」、プライベートな生活に土足で踏み込むような詮索に嫌な顔をすると「この程度は挨拶みたいなものなんだから、サラッとかわせるぐらいじゃないと働く女として二流」、少しでも自分の意見を言うと「女性は職場の花、余計なことを言うと職場がギスギスする」などなど。信じられますか？　こんな状況なのに、それを何とかしようとした女性たちのほうが、「どうでもいいつまらないこと」について「何でも差別差別と気にしすぎる」おかしな女だと非難されていたのです。そして、抗議をする女性は、一部の女性たちからも「あの人たちフェミニスト？　怖ーい」と陰口をたたかれていた。本当に「どうでもいい」ことなら、どう変えても何の問題もないはずなのに、自分たちに都合のいい暗黙のルールを変えようとしない。彼女らがもしそこで諦めていたら、何も変わらなかったかもしれない。差別に鈍感な人の言動に傷つけられ、それを告発すると「神経質」「考えすぎ」と言われさらに傷つけられるから我慢する、そんな社会を変えるために、実際に多くの女性たちがそうしてきたように、人の心に訴えかけるのは、必要なことだし、私たちはその恩恵を受けているのです。

(B) そうは言っても、差別されたと感じた側が差別だと思ったら差別、ということになったら、何でも差別になりかねません。そんな社会は息苦しくありませんか?

(O) 誰にとって「息苦しい」のだろう? 嫌な思いをしたのに、それを言ったら叩かれるから言えなくて、ずっと自分の内に抱え込まなければならない人のほうが、ずっと「息苦しい」のではないだろうか。何か言ったりやったりする前に、これで嫌な思いをする人はいないだろうかと、一度立ち止まって考えてみることの、どこが「息苦しい」のだろう? ただ面倒くさいだけなのでは? 無神経なことを好き勝手に言ったりやったりできて、その責任を問われないですむのが、「息苦しくない」自由な社会なのだろうか?

(B) う〜ん、誰も嫌な思いにさせないような表現しか認められないということですか? 腫れ物に触るような態度は、マイノリティの人に対して、むしろ失礼なのでは?

(O) そうではありません。結果的に誰かを傷つけることは誰にでもあり得る。だけど、事前にその可能性を考えていたのか、そんなことは考えもしなかったのか、事後的に抗議を受けたときにそれに真摯に対応するつもりがあるのか、それとも逃げるつもりなのかが問われているのです。堂々と思っていることを自由に表現したいのなら、そうすればいい。ただし、「腫れ物に触るような態度」は良くないからといって、無自覚に、あるいは、意図的に他人を貶める言動をしていいことにはなりません。相手が誰であっても、敬意をもって接する。それがそんなに難しいことなのでしょうか。そして、それでも相手が不快に思ったのなら、自分の表現の自由と同じように、その人が異を唱える自由も認めて、議論に応じる。そういう覚悟があってしかるべきでしょう。

（A）合意できなかったら？

（M）それはそれで仕方ないと思います。異なる意見を受けとめて考えること自体に意味があるので。誰も声を封じられず、話し合いの機会が持てること、それがスタートです。

（A）しかし、実際には、差別を禁止しようとしているわけですよね。それは、対話ではなく問答無用で処罰するということでは？

（M）むやみに人を傷つけないようにするのは、人間関係において必要な配慮だと思います。それは、対話の前提です。さらに強制力をもたせるために法律で差別を禁止することが必要になる場合もあり、それに対しては抵抗もありますが、怖がる必要はありません。なんでも差別にすることなどできませんから。差別される側の人たちにそんな力はありません。あるように感じられるのは、抑圧されてきた人たちがようやく声を上げられるようになってきて、それがマジョリティにとっては「耳障り」なために、ものすごく「大きく聞こえる」からです。実際には、そういう声は今でも無視されるか、叩かれています。だからこそ規制が必要なのですが、その対象は、特定のカテゴリーの人たちを、属性だけで判断して不利に扱ったり尊厳を傷つけるような、明白な差別だけです。法が裁くのは、発言も含めた、差別「行為」であって、個々人の内面に踏み込んで、こういう人を嫌っちゃいけない、と強制するわけではありません。

(B) えっ、たとえば、LGBTQ+の人たちを嫌ってもいいんですか?

(O) よく知りもしないでむやみに嫌うのはどうかと思いますし、嫌っている人にとっても、理解を深めることは、自分は何を嫌っているのかを知るという意味で重要なのですが、とりあえず、心のなかでどう思うかは自由です。「殴りたい」と思っても口に出して実行しなければ問題になりませんが、「殴るぞ」と相手に言えば場合によっては脅迫罪、実際に殴ったら傷害罪になるのと同じことです。

【差別をなくす方法】

（A）あからさまな差別を法で禁ずるだけでなく、不利な立場に追いやられている人たちに優先的にチャンスを与えることもありますよね？

（M）「与える」というのは、ちょっと上から目線かもしれませんね。アファーマティヴ・アクションとかポジティヴ・アクションなどと呼ばれる政策ですが、おっしゃるように、歴史的に多くのものを奪われ、その負の遺産に苦しんでいる人たちに、奪ってきたもののほんの一部をお返しすることで、少しずつ社会を変えていこうということですから。

（O）アメリカ黒人をめぐっては、先祖が何百年も奴隷としてタダ働きをさせられ、その後も人種差別的な法制度によって多大なダメージを被ってきたのだから、その補償を求めるべきだ、という意見もあります。賛否両論ありますが、「黒人」であることで、彼女ら・彼らが、自分たちの力を十全に発揮する機会とその成果を自分のものにする権利を奪われ、そして、今でも偏見によってチャンスを狭められていることは事実です。

（B）そうかもしれませんが、たとえば、女性の割合を三割にする、などのやり方は、やはり無茶なんじゃないでしょうか？

(M)どうしてそう思うのかな?

(B)だって、あらかじめそんなことを決めてしまったら、性別や人種にかかわらず有能な人を採用することができなくなりますよね。

(M)問題を二つに分けて考えましょう。まず、数値目標について。これを設定すると、それに縛られて適切な判断や行動ができなくなるのかどうか。

(O)いつも思うのですが、どうして、差別的な状況を是正するときだけ、数値目標に反対するのでしょう? 数値目標は、どこでも使われています。それがなければ、計画が立てられないし、成果を検証することもできないのだから。たとえば、企業が、実現可能な範囲で、販売目標額を掲げることを否定する人などいないでしょう。

(B)超えれば超えるだけ良い、売り上げのような目標と、無理に近づけることに弊害があり得る、性別・人種別採用数のような目標では、性質が違うのでは?

(M)つまり、前者は成果主義と調和するけど、後者は能力主義から逸脱するということですね。これが二つ目の問題。

(O)次年度の新入社員の採用人数を決めることを例に考えてみましょう。新卒の社員は、特定の年齢集団です。しかし、彼女ら・彼らを一定数採用するという方針に対して、それが膨大な数でない限り、そんなにたくさん若者を採用しようとしたら無能な人も含まれてしまう、とか、もっと年齢が上の潜在的中途採用者に対する差別だ、と批判する人はあまりいませんよね。つまり、女性や黒人についてだけ、控え目であっても目標を打ち出すことを嫌うのは、彼女ら・彼らをとりわけ無能だとみなしているからなのでは？ だって、人口の半分は女性なのに、三割「しか」目指さないと言っているのですよ。それでも、「有能な人を採用できない」と抵抗するのは、女性は男性よりも劣っていると考えているからだとしか解釈できない。

（A）枠を作って女性を積極的に採用することは、埋もれた才能を発掘することになるとは思いますが、有能な男性が弾き出されると思っているのでは？

（O）えぇ！ 半分しかいない男が、七割も独占するのに?!

（M）まあ、落ち着いて。

（B）半分と言いますけど、有資格者は男性のほうが多いと思います。

（O）だから、それ自体が差別の結果なのですよ。女性を励まし育ててこなかったから、学歴や資格のある女性が少ない。それを前提というか改善策を講じない理由にしたら、いつまで経っても何も変わらないじゃないですか。

（B）自分の能力を磨きそれを示す努力は、女性の側にも必要なのではないですか？

（O）もちろんそうですが、ジェンダーの不均衡は、個人的な努力で何とかなるようなものではありません。「有能な女性」がいても、それは例外とみなされるだけで、女性の登用促進には、ほとんどの場合、つながらない。しかも、そういう体制のなかでは、「有能な女性」は、往々にして、男性以上に能力主義にこだわるようになり、結果的に女性の背中を押さなくなる。だからこそ、女性が有能になりにくい仕組み自体を問い直し、まさに「能力を磨きそれを示す」ことを否定ないしは制限されてきた側に、その機会を優先的に回す、新たな仕組みを作らなければならないのです。

（M）ずっと優遇されてきた男性からすれば、自分たちの領域を侵犯されるような気持ちになるのでしょうね。でも、日本はこれから深刻な人手不足になります。自分たちの既得権益を守ることに腐心するのではなく、より多くの人が、さまざまな場所で、女性も職場で、男性も家庭で、力を発揮することができるようにすべきだと思います。

（A）そうするほうが、みんなのためになるということですね。

（B）そこが理解されていないのだと思います。反差別運動って、一部の人の利益のために他の人を犠牲にするように見えるというか……。

（O）マイノリティが生きやすくなると、自分たちはむしろ生きづらくなるという感覚は、どこから来るのだろう？

（A）やはり、自分たちが「普通」で、マイノリティが「特殊」な人たちだと思っているから、そういう人たちにだけ注目が集まって、その人たちだけのための新たな施策が展開されるのが面白くないとか？

（M）「普通」って、何でしょうね？「普通」じゃない人は、差別を甘んじて受けて、おとなしくしていなければならないのでしょうか。自分の、いや、みんなの権利や利益のために声を上げているのに、どうして嫌われ叩かれるのでしょう？

（O）「みんなのため」というところが、どうしても理解できない、というか、したくないのでしょうね。多くの人にとって、今ある序列の「下」のほうからの異議申し立ては、自分の立場を危うくする「わがまま」とか「秩序を乱すノイズ」にしか聞こえないのかもしれません。その「序列」自体を見直して、もっとフラットな社会を目指さない限り、いつ自分が「普通」の枠から外れて、「おかしな奴」「役立たず」だとみなされるようになるかわからないのに。社会のあり方を変えるのが、なぜそんなに嫌というか恐いのだろう？　変えなければ自分は安泰だと、なぜ思えるのだろう？　すべて今のままで本当にいいのだろうか？

【差別と自己責任、私たちにできること】

（B）みんな、何も変える必要はないと思っているわけではなく、日本にはそれほど深刻な問題はないので大声を上げて大きな変革を求める必要はない、と思っているのではないでしょうか？

（M）「深刻な問題はない」ように見えるのは、見なくてもいい、見えにくい立場にいるからです。意識的に、あえて見るようにしないと見えないものはたくさんあります。

（O）たとえば、日本の外国人差別は、本当に酷い。授業でアメリカの人種差別の話をすると、「白人で男性であるだけで上だと思い込ませるような社会、それを信じ込んでしまう人は、洗脳されているようで、気持ち悪くて恐ろしい」という感想を伝えてくれる人が毎年います。でも、日本にも、「日本人はすごい、立派だ、世界中から尊敬されている」と思い込んでいる人はいます。自分たちだって、一歩海外に出れば、アジア人として差別される側になるのに、欧米人には憧れ、媚びへつらいながら、アジア系の外国人には、自分が日本人だというだけで、偉そうな態度を取る人も。外国人「風」の人、「怪しい」と勝手に警察が決めつけた人をターゲットにする、到底「捜査」とは言えない杜撰（ずさん）なやり方の「嫌がらせ」は後を絶ちません。アメリカのレイシャル・プロファイリングと同じです。メディアの報道でも、「犯人は外国人のような風貌・話し方」という表現が多用され、外国人は危険、という偏見だけを助長しています。

（A）それは、実際に外国人による犯罪が多いからではないのですか？

（O）外国人による犯罪があったとしても、被疑者が具体的にどういう外見なのかを伝えずに「外国人」とだけ言われても、その人物を避けることはできません。それに、どうしてもそういう言い方をしたいのであれば、日本人が何かした場合にも、「容疑者は日本人です」「また日本人がこのような事件を起こしました」と言うべきでしょう。あるいは、「外国人」に合わせて「県外者」でもいい。もちろん、そんなことを言っても意味はありません。どんな「日本人」「県外者」なのかまったくわからないから。それならば、「外国人」と言っても意味はないはずです。にもかかわらず、日本人による犯罪のほうがはるかに多いのに、なぜ「外国人が」「外国人が」と言い続けるのか。それは、国民の多くが、外国人が増えると治安が悪化すると思わされているからです。

（B）それについてはそうかもしれませんが、日本人のなかでは、もうあからさまな差別はありませんよね？

（M）日本人でも、「普通」じゃない人は生きづらいですし、女性だから絶対にできない、やらせてもらえない、ということは少なくなりましたが、女性として、そして、男性として、当然すべきだと考えられていることをしない人に対する風当たりは、今もとても強いですよ。

（B）それは、「やらない」という選択をした本人の責任でもあるのでは？

（M）「当然すべきこと」を決めるのは、誰なんでしょうね。そして、それをすべての人に押しつけるのは正しいことなのか。これについては、第5章で、具体的に考えてみましょう。

（O）差別をなくすのは、差別されている人たちのためだけではありません。差別をする側の人たちも解放されるのです。

（A）そうかもしれませんが、たとえ法律を変えても、人の心の奥底にある偏見や固定観念を簡単に取り除くことはできませんよね？

（O）心が変わるまで待つのでは、いつまでかかるかわかりません。それまでは差別されても我慢しろ、と言うわけにはいかないのです。まずはルールや制度を変えて、それに心を合わせるように努力することは、必要ですし有効でもあります。差別は、心の問題というよりは、差別を温存・利用する社会構造とそのなかでの同調圧力の問題なのですから。

（B）私たちは、何をすればいいのでしょう？　何ができるのでしょう？

（M）知る、学ぶ、考える、それをまとめる、身近な人と共有する、話し合う、その結果を発表する、声を上げる、ネットワークを作る、多くの人に訴える、変革のための行動をする。ＳＮＳの時代なんですから、できることはたくさんあります。集会・結社・表現の自由は日本国憲法でも保障されています。

（O）自分では何もせずに、立ち上がった人に対して「どうせやっても無駄だ」と難癖をつける人は、無知に居直っているか、恐怖にすくみ我が身だけを守ろうとして変化を拒んでいると言わざるを得ません。次の章で詳しく見ますが、公民権運動期のデモは実際に国を動かしたのですから。みんながみんな闘えるわけではないかもしれない。でも、闘う人を貶し、その足を引っ張っては、「我が身」すら守れなくなります。この社会は、私たちが作っている。だから、力を合わせれば、どんな人も自由に生きられる社会に変えられるんです。

第Ⅲ部

反「反差別」論に反論する

第4章

差別はなくならず、なくそうとするのは独善・正義の押し付けなのか？

――公民権運動から学ぶ――

大森一輝

選挙権登録における人種差別をなくすよう求めた人々の平和的な行進と、行進する人たちに暴行を加える州警察（1965 年アラバマ州セルマ）。「怖い」のは、どちらでしょうか。

◉はじめに

この章では、公民権運動に身を投じた活動家のジョン・ルイス（一九四〇～二〇二〇年）を取り上げ、「差別と闘う」とはどういうことなのかを考えます。

まず、公民権運動（アメリカ人としての平等な権利の保障を求めた黒人の闘い）とは、いつ頃の出来事だったのかを確認しましょう。一般的には、公立学校での人種隔離を憲法違反とした連邦最高裁のブラウン事件判決（一九五四年）と、翌年から始まるモントゴメリーでのバス・ボイコットが起点とされます。その指導者として一躍注目を浴びるようになったマーティン・ルーサー・キング・ジュニア（キング牧師、一九二九～一九六八年）を中心とする運動は、リンカンの奴隷解放宣言一〇〇周年にあたる一九六三年のワシントン大行進でのキングの「私には夢がある」演説を一つの頂点として、六四年の公民権法・六五年の投票権法という成果を得たものの、以後、「その先」についての目標や方針の違いによってまとまりを欠くようになり、ラディカルなグループへの弾圧が強まるなか、一九六八年のキングの暗殺が画期となって、全体として終息に向かった、と理解されています。ルイスが活動したのは、この一九五〇年代半ばからおよそ一〇年間の「正統派」公民権運動の後半（一九六〇～六六年）ということになります（公民権運動全体の流れについては、巻末に付けた年表を参照してください）。

ただし、最近の研究では、前後の時期や南部以外の地域を視野に入れることでその意義を見直そうとする「長い公民権運動」論が主流となっています。一九三〇年代以降の労働運動との関わりや、六〇年代後半以降の「急進化」を、単なる前史や愚かな逸脱とみなすのではなく、必要不可欠な前提であり必然的な発展と捉えることで、南部のみならず北部や西部も含めアメリカ全土に深く巣食う人種差別主義に抗して黒人たちが本当に望んでいたのは何だったのか、それを押し潰そうとする力はどこからやって来てどのように作用していた（今もしている）のかを明らかにするためです。

◉ジョン・ルイスとは誰か？

一九四〇年二月にアラバマ州の農村で生まれたルイスは、幼い頃から牧師を目指し、貧しいながらも学業に打ち込み、一〇代で出会ったキング牧師に憧れ、テネシー州ナッシュビルの神学校に進学してしばらくしてから本格的に公民権運動に関わるようになります。黒人に飲食をさせないランチ・カウンターでの座り込みや「フリーダム・ライド」（南部の法令・慣行とは逆に、前に黒人、後ろに白人が乗って南部諸州に向かう長距離バスの旅）に参加し、学生非暴力調整委員会（ＳＮＣＣ）の委員長を一九六三〜六六年まで務めました。その後、政治の世界に踏み込み、一九八七年以降三〇年以上にわたって連邦議会下院の議席を守り続け（民主党所属、ジョージア州第五選挙区選出）、二〇二〇年七月に八〇歳でその生涯を閉じました（詳しいことは、彼の生涯をたどった劇画『MARCH』〔全三巻、岩波書店〕を参照してください。この章は、その別冊解説に加筆修正を施したものです）。ルイスは、生まれつき「活動家」だったわけではありません。彼の生まれた社会が、彼を「活動家」にしたのです。

◉「アメリカ南部」という社会

第2章でも確認したように、南北戦争後の南部は、徹底した人種隔離・差別肯定社会でした。一九五四年にブラウン判決が出るまでは（出て以降も一九六〇年代までは実質的に）「分離しても平等」という原理が貫徹し、黒人に対してどんなに不平等な扱いをしても当然だとみなされていました。

生まれる病院も、住む地区も、通う学校も、乗るバスや列車も、使える店やトイレも、そして死後に眠る墓地さえ、法令によって人種別に「分離」され、黒人用の施設・環境は圧倒的に劣悪という、はっきりと目に見える「不平等」がまかり通っていたのです。しかも、白人と接触する際には、明文化された規則だけでなく、彼らが勝手に作った「ルール」や「エチケット」に従わなければ、殺されることを覚悟しなければなりませんでした（こうした人種差別は、南部だけの悪習ではなく、現れ方は違っていたとしても、北部にもありました）。

◉声を上げることの難しさ

公民権運動以前にも、差別をなくすためのさまざまな活動が展開されていました。権利の回復のために裁判を起こす人もいれば、地道に手に職を付けて頑張ろうと励まし合う人も、アフリカに「帰って」自分たちの国を創ることを夢見る人もいましたし、黒人の労働者や小作農が賃金や待遇の改善を要求して組織的な闘いを挑むこともありました。しかし、このような社会で立ち上がって抵抗できる黒人は、やはり例外でした。ほとんどの人は、急激な変化を諦め（というよりも恐れ）、目立たぬように生きていたのです。だからこそ、ルイスの両親も、問題を起こさない、白人の邪魔をしないことを処世訓とし、闘いのチャンスが来ても、しかも、それをキング牧師が助けてくれると聞いても、白人専用とされていた大学に入るために声を上げたいという息子の願いに対して、首を縦に振らなかった。差別は、それほどまでに人々の心を縛っていました。

指導的な立場にいた黒人たちも、多くが「分をわきまえた」静かな抵抗をすることを旨としていました。彼らは、身なりを整え、きちんとした暮らしをしていることを白人に見せることで、

「黒人は立派な人間にはなれない」という偏見を打ち破ろうとしていたのでしょう。そういうやり方だけでは、ルイスが感じていたように、自分たちが成り上がったことを誇るだけで、貧しい人たちを引き上げるのは難しく、ましてや差別社会を変えるなど望み薄であることに気づいていたかどうかはともかく。

◉声を上げ（られ）ないことの悔しさ

こういう状況だったからこそ、一九五五年の二つの出来事は衝撃的だったのです。ミシシッピ州の田舎町で起こったエメット・ティル事件では、白人女性に口笛を吹いただけで、たった一四歳の黒人少年が、白人の大人二人によって無残にも殺され川に捨てられました。その変わり果てた姿の写真が公開され、それでも殺人犯を罰するつもりのない裁判の様子がテレビで報じられたことは、南部以外のアメリカ人にショックを与えましたが、ここまでは、（酷い話ではあるものの）当時の南部では十分あり得る、つまり、さほど驚くべきことではありませんでした。南部ではかつてなかったことで、白人・黒人の双方にとって驚きだったのは、ティルの大叔父のライト老人など何人かの黒人が、白人の罪を暴こうと、公開の法廷で証言したことでした。犯人は無罪になってしまいましたから、命を賭したこの行動は直接的には功を奏さなかったのですが、「もう黙ってはいない」という決意は、波紋を広げることになります。

ローザ・パークス（一九一三～二〇〇五年）が、アラバマ州モントゴメリーでバスの運転手に指示されても白人に席を譲らなかったのは、体が疲れていたからではなく、すべて「白人ファースト」の決まりにこれ以上従うことに嫌気が差していたからでした。後部座席であっても、立たされても、バスに乗れれば行きたいところには行ける。しかし、毎日毎日、黒人用は向こうだ、ここには入るな、あれはダメだ、これはするな、おいお前、何やってる、あっちへ行け、と言われ続ける屈辱は、心に重くのしかかっていました。白人は、こうやって、私たちに身の程を思い知らせようとする。でも、私たちだって同じ人間で、同じ料金を払っている。小突き回されるのはもうごめんだ、という、黒人であれば誰もが感じながらも封印してきた思いが湧き出し、逮捕されることも辞さない態度となったのです（彼女はそのとき、ティルのことを考えていたそうです）。その勇敢な一歩から共感の輪が広まって、ボイコットという力強い抵抗運動が繰り広げられました。

◉差別の重層性

じつは、この年、モントゴメリーでは、パークス以前にもバスの座席を譲ることを拒否した女性が（わかっているだけでも）五人ほどいました。しかし、彼女らは、未婚で妊娠していたり、家族に問題を抱えていたりしたために、（のちの裁判の原告にはなるものの）ボイコット運動の主役にはなれなかった。闘争のシンボルになってもらうには、非の打ちどころのない人物でなければならない、と男性の黒人指導者たちが考えていたからです。彼らは「正しい女性」像を白人社会と共有し、批判されることを恐れ、そういう人物を待っていた。パークスが現れ、ようやくボイコットを始める際にも、実際にさまざまな活動を担ったのは多くが女性でしたが、彼女らの貢献は、当時も今も、必ずしも正当に評価されていません。黒人社会のなかにも女性に対する偏見があり、黒人女性たちは、性差別と人種差別の両方と闘わなければならなかったのです。キングがいみじくも言っています。「パークスさんの行動が示しているのは、遅かれ早かれ堪忍袋の緒は切れて、「もううんざりだ」という叫びが心の底から湧き上がってくる、ということなのです。」キングがここで想定しているのは、人間扱いされない「黒人」の我慢の限界ですが、パークスをはじめとして多くの黒人女性が感じていたのは、男性に指図されてばかりいる黒人「女性」としての我慢の限界でもあったのです。だから、彼女たちは、言いなりになることをやめた。そして、男性の指導者に言われたからではなく、自分たちの判断でバスに乗ることもやめた。

そう、「バスに乗らない」ことは、まぎれもない「抵抗」でした。「〜しない」という静かな選択が、強烈な抗議の意思表示になる。「非暴力行動」「受動的抵抗」とは、力ずくで自分たちを押さえ込もうとする相手に対して、勇敢に、そして有効に立ち向かうための方法だったのです。

南部各地で黒人たちはそのことを実感するようになります。

◉若者の力

しかし、事態はそう簡単には進展しませんでした。モントゴメリーのバス・ボイコットが長期間に及んだのは、一方では、バスに乗らずに歩き続け自家用車の相乗りを手配した黒人たちの不屈の精神の表れですが、他方では、収益が激減しようとも絶対に黒人を前の席には座らせないという、バス会社と市当局の頑なな態度のせいでもあったのです（ボイコットの「勝利」は、南部社会の改心ではなく、またしても連邦最高裁の判決によってもたらされました）。

意外に思われるかもしれませんが、キングは、「勝利」の後、次の一手を打ちあぐねていました。確かに、一九五七年初めには「南部キリスト教指導者会議」を結成して組織的な基盤を固め、翌年にはモントゴメリーでの闘いを綴った『自由への大いなる歩み』を刊行しますが、公立学校の人種共学は遅々として進まず、成果よりも反動のほうがはるかに大きかった。南部の白人は、自分たちが支配する社会を何としても守ろうとして、黒人への攻勢を強めていました。それに対して、ボイコットより踏み込んだ、座り込みという、非暴力でありつつ積極果敢な抵抗戦術を始めたのは、ルイスのような大学生だったのです。このときのターゲットも、当事者以外には些末な問題に見えるかもしれない「ランチ・カウンター」でした。黒人は、お金を払っているのに「お客様」として扱われないどころか、同じ人間としての最低限の礼儀すら示されない。そうした日常的な差別は、白人優越社会を維持するための心理的な要であり、だからこそ、それを壊さなければならなかったのです。若者たちは本気でした。昔から闘ってきた年長の黒人指導者の言動を生ぬるいと感じるほどに。そして、これをきっかけに、学生非暴力調整委員会（ＳＮＣＣ）が結成されます。

皮肉なことに、ルイス自身も、後年、さらに「急進的」な活動家から「伝統的」すぎると批判されることになるのですが、それはもう少し先の話です。それまでは、彼らの力がアメリカを揺り動かすことになります。

◉南部白人（差別する側）の思い

アメリカから人種差別をなくすために立ち上がったジョン・ルイスたちは、引き返さないと決意を固め、運動を拡大していきます。しかし、その思いの強さと比例するように、人種別の社会を守ろうとする側からの反撃も激しくなっていきました。このことを、非暴力の抗議を暴力で押さえつけようとした南部の白人の立場になって考えてみましょう。

黒人を同じ人間だとみなさないだけでなく、その命すら蔑ろ（ないがし）にする白人や、就任式で「永遠に人種隔離を」と叫ぶ州知事などが、ほんの六〇年前にいたこと自体、今となっては理解し難いかもしれません。しかし、彼らは大真面目でした。自分たちが差別や暴行を働いているという意識はまったくなく、次のように考えていたのです。黒人は別の種類の人間なのだから、身の程をわきまえて自分の役割を果たすべきであり、ほとんどの者はそれで満足している。互いの特性を生かす調和の取れた社会を作り上げてきたのに、増長した黒人の不平分子と外部の扇動者が南部の伝統を破壊しようとしている。黒人が白人より前に座ったり、白人の店員からサービスを受けたりするなど、あり得ない。相手のほうが、「フリーダム・ライド」など我ら南部人を侮辱する強引なやり方で既存の秩序や上下関係をひっくり返そうとするテロリストなのだから、そうした不埒な黒人を、一般市民や警察が力ずくで叩きのめし（警察による不当な暴力は、これ以降、現在に至るまで、大きな問題であり続けています）、必要とあらば、徹底的に実力を行使するのは正義である、と本気で信じていました。それが焼き討ちであったとしても。

つまり、南部の白人は、頭がおかしかったわけでも、とりわけ残忍だったわけでも（実際に黒人を痛めつけることはあっても、生まれつき誰に対しても暴力を振るう性質だったわけでは）ありません。人種差別をしていたのは、生まれ育った地域を愛し、それまで「当たり前」だった暮らしや流儀を壊させまいとしていた、私たちと同じ「普通」の人間だったのです。彼らが守ろうとしていた慣習が、今から／外から見て、いかに非人道的に思えるとしても。この点を見誤ると、あんな酷いことをするなんて同じ人間とは思えない＝自分たちは絶対にあんなことはしない、と短絡し、非難する相手を悪魔化することで自分たちを免罪する罠に陥ってしまうことになります。「異常」な憎しみや暴虐を、自分とは関係のない特殊な出来事だと思った瞬間に、歴史を、少なくともこの歴史を、学ぶ意味はなくなります。私たちだって、あの環境に生きていたら同じようなことをしていたかもしれないし、これからも同じような過ちを犯すかもしれない。「～人は○○だ」とか「～のくせに」とか「～らしく」とか「～だったら、こうすべきだ」など、人を集団に分け、その特徴を決めつけ、その型に押し込んで判断してしまうことは、現に今でもあるのですから。

そういう思考法と、差別的な言論・行動の間にあるのは、質的な違いではなく、程度の差にすぎません。私たちは、誰でも、「敵」に対しては、あれほど盲目的に愚かで残酷になれる。そうした人間の弱さを自覚しない限り、差別という醜い問題に向き合い対処することはできないのです。

◉キングの苦悩と失敗

弱さや混乱は、もちろん、差別と闘う側にもありました。キング牧師は、指導者として長期間の収監という事態を避けるためにフリーダム・ライドへの参加を断っただけでなく（このときのことについて、ルイスは、後年、キングの苦しい立場を十分にわきまえず反発したのはフェアではなかったと述懐しています）、一九六一年の暮れから関わったジョージア州オールバニーでの人種隔離撤廃と選挙権登録を進める運動でも、意識的に激しい暴力を避けることでメディアの関心を惹かないようにした警察など、狡猾な地元当局を前に成果を上げられず、SNCCの活動家から糾弾されます。若者たちは、地域住民を主役にした地道な意識改革と抗議行動を起こそうとしているところに「神様」然とした（彼らにはそう見えたのです）キングが短期間だけ介入することに、そもそも反対でした。しかも、必ずしも決然とした態度で事に臨むでもなく、中途半端な状態で撤退したキングの尻拭いをするのも自分たちだと、憤慨を隠しませんでした。

キングも悩んでいました。己の不甲斐なさを恥じ、変わろうともがいていたのです。そして、自分を弱腰だとなじる若い活動家たちと、重い腰を上げようとせず黒人指導者の統率力のなさを責めるばかりの連邦政府との間で板挟みとなった彼は、若者の勢いとホワイトハウスの力の両方を利用しようと、全面的な衝突をも辞さない覚悟を決めます。州の境界内のことについては「内政干渉」になるので軽々に口出しできないという立場のケネディ政権を、何とかして動かさなければならない。そのための戦いの場となったのがアラバマ州バーミングハムでした。オールバニーでの「失敗」の教訓は、「ボミングハム（爆弾の街）」という異名が付くほど公民権運動に対する攻撃が激しかったこの「アメリカにおける人種差別主義の首都」において、綿密な計画に基づいて繰り返しおこなわれたデモなどによる「対決」という形で、一九六三年の四月〜五月にかけて生かされることになります。

◉子どもたちの参加

キングも、逮捕を覚悟のうえで、デモ行進を率いました。そのうえで、獄中から意を尽くした手紙を発表したものの、思ったほど注目を集めることができないでいました。その行き詰まりを打開したのは、子どもたちだったのです。

元々、非暴力直接行動は、もう待てない、と感じた黒人たちが、時間のかかる法廷闘争に代えて採用した戦術です。とくに、座り込みを始めたSNCCのメンバーにとっては、街に出て差別に立ち向かうことこそ、自分たちの活動の生命線でした。体を張って闘ってきたという誇りと、結果を出しているという自負があったからこそ、それと並行してではなく、「それよりも」有権者登録に取り組んだほうがいい、とケネディ政権が「アドバイス」してきたことに腹を立てた。投票できるようになることが重要なのは、もちろん、わかっている。でも、連邦政府は自分たちの声を押さえ込もうとしている、と感じて。さらに言えば、直接行動は、キングのようなカリスマの影響力に頼る「上からの」動員ではなく、人々の思いが「下から」湧き上がってきた結果でなければならない。バーミングハムで、異論や躊躇や批判もあるなかおこなわれた子どもたちへの呼びかけは、まさにそうした思いをすくい上げるためのものでした。それを受けて、高校生どころか、多くの中学生や小学生がデモに参加すると名乗りを上げたのです。子どもたちは、自分の意志で参加していました。危ないからと父親に反対された黒人少年の言葉が残っています。「ぼくだけが自由になりたいから、ではないのです。父さんや母さんにも自由をと、それも、二人が生きているうちに、と思うから参加するんです。」

子どもを危険に晒したのは、確かに問題だったかもしれません。しかし、非暴力のデモ行進が「危険」な行為になったのは、いったいなぜなのでしょう。「もう差別はしないで」と声を上げただけの子どもに高圧ホースと犬を使って襲いかかったのは、誰だったのでしょう。「危ない」ことをしたのは、どちらなのか。警察や消防が、市民を守らないどころか、子どもに牙を剝く。そしてスクールバスを使って大量に投獄する。そのくらい南部は追い詰められつつありました。その姿に、南部以外のアメリカだけでなく、世界中が驚愕した。南部の側は、その反応に一層態度を硬化させ、劣勢を自覚していたからこそ変化を拒み、反撃をエスカレートさせたのです。バーミングハム闘争の拠点だった一六番通りバプテスト教会は爆破されてしまいます。それも、キング牧師の「私には夢がある」演説の三週間足らず後に。犠牲となったのは、運動を活性化してくれた子どもたちでした。

こうしたテロの嵐が吹き荒れるなか、ルイスたちが、南部社会に対してだけでなく、連邦政府に怒りと不信を抱いたのは、当然のことでした。ケネディ大統領が議会に公民権法案を提出するとテレビ演説をした、その日の深夜、ミシシッピ州の黒人指導者メドガー・エバーズが射殺されたというのに、新しい法律にも、有権者登録に際しての制限条項を残そうとしていたのですから。そんなことをすれば、それが黒人を排除するためにまたしても悪用されるのは、火を見るよりも明らかなのに。

◉「仕事」と「自由」のためのワシントン大行進

だからこそ、ルイスは、一九六三年八月のワシントン大行進での演説で連邦政府の姿勢を厳しく問い質そうとしたのです。あなたたちは南部の顔色を伺いながら微温的な改良を試みるだけで人種差別を本当になくすつもりはないのか、だからこんな形だけの公民権法案を出したのか、こんなものでは意味がないのだ、と。しかし、ケネディ政権との決定的な対立はギリギリのところで回避されました。ＳＮＣＣとて、自分たちだからこそ知っている、南部の虐(しいた)げられた人々の声を届けたかった。だからルイスは演説原稿の書き直しに同意した。何と言っても、この行進は、たとえ不完全であったとしても公民権法を成立させ、自由だけでなく「仕事」と公正な賃金を手に入れるための、人間らしい生活を実現させるためのものだったのだから。それを主導したのは、戦前からの労働運動の歴戦の勇士、Ａ・フィリップ・ランドルフだったのだから。

公民権運動は、のちに誤解（というよりも曲解）されるように、権利の平等だけを求めたのではありません。労働運動との長く密接な関係が、そして、「日給三ドル以下で一日一二時間の労働をする」小作農や「年収一〇万ドルの家で働く、週給五ドルのメイド」に言及したルイスの演説自体が、そのことを雄弁に物語っています（ただし、メイドとして働いていた人たちだけでなく、どんな立場の人であっても、このイベントでは、黒人の女性が自分の言葉で自分たちのことを語ることはなかったのですが)。

奴隷解放宣言公布一〇〇周年に当たる年の夏の盛り上がりとは裏腹に、その後、事態は混迷の度合いを深めることになります。SNCC自体の足並みにも乱れが見えてきたものの、ルイスにもどうしたらいいのか、明確なビジョンはありませんでした。殴られ投獄されることにうんざりし、苛立っていたのは、対決姿勢を強めていたストークリー・カーマイケル(ルイスの次のSNCC委員長)たちだけでなく、ルイスも同じだったはずです。自分たちを虫けらのように扱うことをやめさせるには、「今すぐ」自由になるには、どうしたらいいのか。自由と平等を謳う「アメリカ」に、その約束を果たすよう迫るだけでいいのか、それとも、「アメリカ」を乗り越えなければならないのか。その道はどこにあるのか。模索は続きます。

◉独善的なのは誰か?

キング牧師の「私には夢がある」演説は、世界中に伝わり多くの人々の共感を呼んだのに、残念ながら、南部の白人の心には響きませんでした。それどころか、北部の白人のなかにも共感しなかった人はたくさんいました。公民権運動のことを、強引だ、やりすぎだ、社会を自分たちの思いどおりに変えようとしている、と感じて。それに対して、キングは、「バーミングハム拘置所からの手紙」のなかで、次のように書いています。

　自分たちが騒動の原因なのではない。差別と対立のほうが先にあって、それに対処せざるを得ないだけだ。暴力を誘発するから抗議すべきではない、と言うのなら、泥棒を誘発するから財布を持つべきではない、ということになる。悪いのは、財布（抗議）ではなく、泥棒する（暴力を振るう）ほうではないのか。それなのに、「穏健な白人」は、正義よりも「秩序」を求め、黒人に「もっと時期が良くなるまで」待て、と言う。酷い差別に苦しんだことのない人には、どんな直接行動も時期尚早に見えるのだろう。しかし、黒人に待てと言うのは、諦めろと言うのに等しい。正義の達成をいつまでも待たせるのは、正義を否定しているのと同じことだ。

　キングは、公民権運動に理解を示しているつもりで、その「性急」さを上から諭すような人々を批判しなければならなかった。このような論調が北部でも強く残るなか、南部での自由を求める黒人たちの運動を力ずくで叩き潰そうとするテロ行為は、むしろ激化します（警察による公民権活動家の抹殺、デモ行進の弾圧・参加者の殺傷すらありました）。だからこそ、活動家たちは政治の力で社会を変えようと試み（ミシシッピ州内各地での投票権行使のための闘い、ミシシッピ州自由民主党の挑戦［次節を参照］）、それが挫折しても諦めず、地域住民の力（アラバマ州セルマでの有権者登録と抗議行動〔次の次の節を参照〕）によって大統領を動かし投票権法を勝ち取ります。

こう書くと、力強い前進だったように聞こえるかもしれません。確かにそうなのですが、そこにはさまざまな葛藤もあったのです。

◉差別をさせる社会とそれに抗する政治

不当な暴力に直面していた側は、「殺人者を生み出した背景にはどんな社会のシステムがあり、思想があり、生き方があるのか」にこそ注目し、「信念を持って敵でも愛する」必要があることを、頭ではわかっていました。しかし、非暴力の理想に人生を捧げていたルイスですら、我を忘れそうになることもあった。葬式が続くことに、誰もがうんざりしていた。殺人者が許されていいはずはなく、簡単に許せるものでもないからです。

その苛立ちは、まったく正当なものでした。しかし、彼らは、憎しみの誘惑に屈することなく、公式な回路を通じて不満を国政に届けようとしました。そのための仕掛けがミシシッピ州自由民主党だったのです。フリーダム・サマーに集った活動家たちは、地域の党員が下から代表を決め、州の代議員になった者が全国大会で大統領候補を決める、という政党の仕組みに、あえて乗ることにします。黒人を排除しているミシシッピ州の民主党には代議員を送る資格はない。すべての人に門戸を開いている自分たちの自由民主党こそが州の民主党員を代表する組織であり、全国大会での州代議員の議席は自分たちのものである、と主張するために。南部で黒人が投票できるようになるには、まずもって、政党自身が、党内での代表選出プロセスへの参加を黒人にも認めなければならない。一九六四年夏の民主党全国大会は、党執行部に態度決定を迫る正念場でした。

理屈としては非の打ちどころがありませんでした。そうであっても、自由民主党を代表してテレビカメラの前で演説した黒人女性ファニー・ルー・ヘイマーによる切々とした証言にもかかわらず、政治的な権利を行使できる「普通の人間として生きたい」という願いは、結局のところ、再選を焦り南部を敵に回したくない大統領によって踏みにじられてしまいます。六八名の代表団に対して二名にだけ、しかもミシシッピ州代表ではなく別枠で特別にオブザーバーとしての参加資格を与えるというジョンソン政権の妥協案は、最終的にはミシシッピ自由民主党によって拒絶されたのですが、代表団の内部にはこの提案を呑む姿勢を示す人もいて、しかも、キングまでもが、たとえ苦渋の判断であろうとも、その受け入れを促したことは、ヘイマーたちにさらに大きな失望を与えました。ルイスも政党政治に深く失望し、自分は何をすべきなのかを見失いそうになるのです。

◉ルイスは「ラディカル」なのか？

ルイスは不屈の人でした。しかし、主流の公民権団体からは頑固で「過激」だとみなされ、「急進化」するSNCCのメンバーからはその非暴力と人種共闘へのこだわりを理想主義にすぎるとなじられていたところに、政治の厚い壁が立ちはだかったのです。そんな彼にとって、一九六四年秋のアフリカ訪問は、「活動家」としての自分を見直す旅になりました。植民地支配から脱し、貧しくとも、自分たちの国を自分たちの手で作る意欲に燃える若者たちとの出会い、そして、「革命家」になろうとしていたマルコムXの励ましによって、立ち止まるのではなく行動し続ける気力を回復したのですから。

ただし、委員長であったにもかかわらず、SNCCとの乖離は広がる一方でした。それが顕著に表れたのがセルマでの確執だったのです。SNCCは、大きな成果を上げられていなかったとはいえ、黒人住民の有権者登録を長期間にわたって地道に支援していました。それでも、セルマの人々はキングというカリスマに助けを求めた。それによって運動は一時的に活性化したとしても、キングが去った後はどうなる。やるべきことは「キングを担いだ行進」という打ち上げ花火なのか。そんなメンバーの思いに一定の理解を示しつつも、ルイスは、セルマの人々の怒りや悲しみを投票権獲得のための力に変えるには行進が必要だと判断し、個人で参加することを決めました。

セルマからモントゴメリーへの行進は、テレビで映像が流された「血の日曜日事件」が南部の異常さ（非武装・無抵抗の市民に警察が寄ってたかってありとあらゆる暴行を加える）をあらためて際立たせたことで、かえって大勢の心ある人々を全米から呼び寄せることになりました。大統領も投票権法の制定を議会に求め、最終的に二万五千人になった参加者は、モントゴメリーを目指して歩き、州議会議事堂に到着すると、その前で、国民としての完全な権利を、人間としての尊厳を、今度こそ確実に手に入れることを誓ったのです。

◉闘いは終わらない

ルイスは、一九六五年八月の投票権法の成立が「私が知る公民権運動」の終点だと言います。確かに、その後、政治の世界で活動することになる彼にとっては、そこが重要な区切りであり、黒人の地位向上の土台なのでしょう。ワシントン大行進を取り仕切ったバイヤード・ラスティンも、一九六四年時点ですでに、「抗議（プロテスト）から政治（ポリティクス）へ」と運動の方向転換を説いていました。

しかし、プロテストは終わらなかった。なぜなら、南部のテロは止まなかったから。北部の貧困は一向に改善されなかったから。そして、黒人たちは、どこでも、力を実感できずにいたから。投票権法成立のわずか五日後には、ロサンゼルスのワッツ地区で、黒人青年を逮捕しようとした警察の対応の酷さがきっかけとなり、住民の不満が爆発、六日間に及ぶ「暴動」が起こってしまいます。三四人の死者、一〇〇〇人以上の負傷者、三四〇〇人を超える逮捕者を出し、被害額が四〇〇〇万ドルにも上ったこの騒動は、変わらぬ（とくに居住地の）人種隔離と、白人に比べて著しく低い賃金と高い失業率、さらには、繰り返される警察暴力への「抗議」にほかなりませんでした。

翌年、ルイスはSNCC委員長の座を追われ、新委員長に就任したストークリー・カーマイケルが「ブラック・パワー」を叫ぶのを聞きながら、家族のように思っていた組織を離れることになります。黒人であることを前面に押し出し、実力行使を選択肢から除外しなくなったSNCCには、かなり前からルイスの居場所はなくなっていたのです。しかし、袂を分かっても、ルイスにはわかっていただろうと思います。同意はできないが、「ブラック・パワー」は、黒人至上主義に基づく白人否定の思想ではなく、自己決定の機会を確保するためのスローガンだということを。その年の一〇月にカリフォルニア州オークランドで結成されたブラック・パンサー党が唱えていたのが、暴力ではなく個人の／コミュニティの自衛の権利であり、（実際にそれをどのように行使するかは別として）それが必要だということも。

彼自身は、ＳＮＣＣが迷走し、ブラック・パンサーが弾圧されるのを（おそらくは）辛く複雑な思いで見つめながら、別の道を選びます。ミシシッピ州自由民主党が足蹴にされたことで既成政党に幻滅したはずなのに、政治家になろうとしたのは変節と映るかもしれませんが、内側からアメリカを変革するというルイスの決意は、最初から一貫していました。彼は言います。「何度も何度も夢や希望が打ち砕かれたように思った。それでも私は信じ続けました。アメリカ政府は、そしてアメリカ社会は全体として、いつの日にか（黒人の声に）応え、扉を開き、すべての国民を受け入れる」、機は熟しつつあるのだ、と。

一九七七年に連邦下院議員選に初挑戦、敗れたものの捲土重来を期し、アトランタ市議を経て、初当選したのは一九八六年の秋、ジョン・ルイス四六歳のときでした。それ以来、民主党のなかでもっともリベラルで弱者の側に立つ議員として、国政の場で活躍しました。もちろん、目に見える結果を出すことは容易ではありませんが、「連邦議会の良心」として、間違っていると思えば声を上げ、必要とあれば、無意味なパフォーマンスだと非難されようとも、移民法の改正や銃規制を迫るために、七〇代になってからも議事堂内で座り込みをするなど、意気盛んなところを最期まで見せていました。

ただし、彼が老骨に鞭打ち頑張っていたのは、そうせざるを得なかったから、アメリカが未だすべての国民を守ろうとしないからなのです。警察は、今でも、「怪しい」とみなした黒人をためらいなく殺します。だからこそ、「ブラック・ライヴズ・マター（黒人の命は大切だ）」と訴えなければならない。そこにあるのは、黒人（男性）に対する圧倒的な偏見なのに、保守派は、キングの演説を意図的に誤用して、公民権運動の大義は「肌の色ではなく人格の中身」によって判断される「人種なき社会」なのだから、いつまでも人種にこだわるべきではないと言い募る。気にしなければ、無視していれば、病気はなくなるのだ、と言わんばかりに。

◉活動（家）は怖い？ ヒーローは誰だ？

公民権運動の物語は、読む人を鼓舞すると同時に、怖気（おじけ）づかせます。自分にはこんな恐ろしい反発を招くような「活動」はできない。そんなことをやれと言われても困る。できるのは、ルイスのような勇敢な「ヒーロー」だけだ、と。

しかし、自分たちを人間として認めさせようと覚悟を決めた黒人たちに、差別と闘わないという選択肢はなかった。今もありません。差別は自然に「なくなる」ものではなく、「なくす」ものなのです。そして、公民権運動を推し進めたのは、ルイスたちだけではありません。むしろ、実際は、ここには名前の出てこない無数の人々が、少しずつ力を合わせることで、その思いが大きな流れになったのです。それは、現在の「ブラック・ライヴズ・マター」でも同じことです。枝分かれし、蛇行しようとも、その流れは続きます。堰き止めようとされれば、それだけ強くなりながら。新しい思いを集めながら。勇気は、持って生まれるものではありません。育むものなのです。仲間とともに。

ルイスは、自らの若き日々を振り返った書物『MARCH』を、「かつて公民権運動にたずさわった人々」だけでなく、「未来の運動をになう若者たち」に捧げています。背中を押されたと感じたら、みなさんも、自分に何ができるかを考えてみませんか。この話を、単なる「ヒーロー」物として消費するのではなく、生きた歴史として受け継ぐために。

第５章

差別などもうない？

――「女らしくない」選択をした女性が
肩身の狭い思いをするのは当然なのか？――

森川美生

結婚十訓（民族衛生研究會案）

一、一生の伴侶として信賴出來る人を選べ.
二、心身共に健全な人を選べ.
三、惡い遺傳のない人を選べ.
四、お互に健康証明書を交換せよ.
五、近親結婚はなるべく避けよ.
六、晩婚を避けよ.
七、迷信や因習に捉はれるな.
八、父母長上の指導を受けて熟慮断行.
九、式は質素に届は當日.
十、生めよ育てよ國の為.

戦時中は、結婚も出産も、心身ともに健康であれば「国のため」に誰もが行うべきことでした。「国益」によって個人の選択の自由が制約されるようなことは、もはや起こらないと安心していて大丈夫なのでしょうか？

（出典）国立国会図書館デジタルコレクション
厚生省予防局編『国民優生図解』国民優生連盟、1941年、63頁

◉はじめに――女性に対する差別は解消したのか？

LGBTQ+への理解が少しずつ広まるのに連動して、性差別（ジェンダー差別）を性的マイノリティに対する差別とだけ矮小化して捉える傾向が見られるようになりました。性的少数派差別に注目が集まるようになったのは、もちろんよいことではありますが、「性差別とは、LGBTQ+というごく一部の例外的存在に対する差別問題である」と思い込むことによって、「解消しなければならない問題ではあるが、身近にいるわけではないし、自分事というよりは所詮他人事」として、結局のところ自分には何の関係も責任もない、とりあえず考えなくてもよい問題と位置づけることにつながっているように感じます。一方で、多くの人にとって自分事であるはずの構造的な男女間の差別については、「昔はともかく今や男女差別など存在しない。男女はそもそも異なる機能を備えているので、それぞれにできることとできないことがあるのは当然である。今の社会に見られる男女の役割や立場の違いは、各自が自分の好みや能力や適性や考えで選び取ったことの結果であり、性差別の結果ではない」とみなされることが多いようです。ジェンダー系の授業をしていると、「ほとんどの人間の性は生まれ落ちたときに生物学的に決まり、その肉体的違いによって、性格や能力や思考・感情などのあり方がある程度定まってしまう。それが自然であり、変えようのない真実であるから、今ある格差に目くじらを立て、無理に変えようとするほうが不自然だ」という考え方が、今でも若い人たちのなかに思いのほか強く残っていることに驚かされます。

ところが、「男」／「女」に性別を分ける生物学的根拠は何かを厳密に考えると、性別には二種類どころかかなりのグラデーションがあることがわかっています。当然一致すると考えがちな内性器・外性器の組み合わせは、六〇種類以上のパターンがあることが確認されていますし、外見は典型的な男や女に見えても、性染色体は、XXとXYの二種類以外にも、XやXXY、XXXY、XYYなど、幾種類もあることが知られています。しかもその事実を、本人すら知らないまま成長することもあると言いますから、気づいていないだけで、自分も身近な誰かも「標準」ではない可能性があるのです。つまり、私たちは、「身体的性別は男か女かのどちらかしかない」「それが客観的に見た真実」と信じ込んでいるけれども、じつはそれこそが幻想だったということになります。加えて、身体的性別（出生時に割り当てられた性別）と心の性別（自認する性別）が一致しないトランスジェンダーの人や、自分の性別がどちらかわからない人、どちらかに決めたくない人、時によってさまざまに揺れ動く人、性的指向が異性（のみ）ではない非異性愛の人や、誰かに性的に惹かれることが一切ない人、異性装のほうがしっくりくる人なども含めて考えると、自分がどのような性的存在であるのか（あるいは、ないのか）は、きわめて多重な形で決定されると言えます。ＬＧＢＴＱ＋の人は、左利きやＡＢ型の人と同じくらいいるそうですから、決して「ごく一部の例外的存在」ではありませんし、外見でわかるものでもありません。人の性とはこんなに複雑なものなのに、世の中には身体と心の性別が一致するシスジェンダーの異性愛者、つまり定型の「男」／「女」の二種類しかいないと決めつけ、それに付随するあれやこれやの二分法を、自然なもの、変えられないものとして、すべての人に押しつけるのは非常にナンセンスだし、とても乱暴で、他人に苦痛を強いる行為なのです。

それでも、「確かに性的少数派の人たちに押し付けてはいけないけれども、性的多数派と判明している男女には、二分法を当てはめても問題ない」と考える人もいるでしょう。実際に私たちの文化がそうしたジェンダー秩序で成り立っており、そのなかでうまく生きていくにはその秩序を学習し身につけるほうが便利ですから、二分化した性別規範をすでに内面化した大人たちはそれに沿って子どもたちをしつけようとしますし、子どもたちも周囲を観察し、親や年長者の模倣をします。大人に推奨されるまま秩序に沿った行動をとれば、褒められたり肯定されたり安心されたりしますが、秩序に沿わない行動をとれば、叱られたり否定されたり心配されたりします。学習過程にある子どもたちは、そうした規範をより誇張した形で理解し、絶対視しがちですから、自ら率先して規範に従うだけでなく、そこからはみ出す者を許さず、周囲にも従わせようとします。それらを繰り返すことで、乾いたスポンジのように秩序を吸収し、社会において自分の属する性別にふさわしいとされる言動や性別役割を身につけ、ふさわしくないとされる言動や役割をしなくなるのです。しかし、そうすることで私たちは、誰もが多かれ少なかれ、無意識のうちに性別規範に縛られ、結果として、鍛えられる能力にも差が出てくると考えられます。つまり、たびたび指摘される性別役割だけでなく、人の性格や能力や思考・感情なども、その多くが、生まれつき持つ自然なものではなく後天的に身につけるものであり、身体的性別で一律に決まるのではなく人によって多種多様で、未来永劫変わらないのではなく時代に合わせて変化しうるにもかかわらず、あまりにも幼い頃から男女の二分法に慣らされてしまうと、そのことに何の疑問も持てなくなるのです。

繰り返しになりますが、私たちの社会・文化は、性別二元論に基づいた秩序や仕組みを維持しており、今も構造的に女性のほうが男性より不利な立場に置かれています。若い方であれば、まだそれほどあからさまな性差別にさらされた記憶はないかもしれません。「男女格差なんて昔の話、今はむしろ女性上位じゃないの?」と思う人もいることでしょう。昔より改善されているのは確かですが、国際比較で見ると、今でも日本の男女平等指数は先進国ではほとんど最下位です。社会的に高い地位にいる日本の女性が驚くほど少ないのは、はっきりと数字に表れている事実なのです。「自分が問題を感じない」ことと「世の中に問題が存在しない」ことは、同じではありません。

◉産まない女性に対する差別

「子どもを産み育てることこそ女性の本分であり、最大の幸せである」という信念が支配的な社会では、妊娠・出産・育児といった子どもをめぐる一連の営みを称揚し寿ぐ一方で、その責任を、母親ひとりの手に丸投げする傾向があり、そのことが、産む性である女性を社会的に弱い立場に置く大きな要因となっています。子どもがいない女性も例外ではありません。彼女たちは、実際的な子産み子育てに労を割かれることがないにもかかわらず、労働市場においては仕事に支障をきたしかねない「出産予備軍」として一律に扱われがちですから、雇用上の不利益を回避できないうえに、別の抑圧にも晒されます。

少子高齢化が深刻な社会問題として広く認知されるようになって以降も出生率が下がり続ける現代日本において、子どもを持つことの意味は、個人的「本能」といったレベルを越えて、国を支えるための「正義」の様相を呈してきています。「女性のもっとも重要な仕事は出産」だと暗に主張されることも増えました。「子どもを持たないなら結婚する意味はない」と極論を説く人もいます。女に生まれたからには子どもを産むことによって社会に貢献すべきであり、産む気がないならそもそも結婚する資格はない（結婚制度の旨みを享受するからには産むのが義務）ということのようです。

子どもがいない人、とくに産む性である女性たちのなかには、周囲からの絶え間ない出産プレッシャーに引け目を感じつつ生活している人も大勢います。日本では結婚が出産の前提条件と考えられているため、未婚女性はまずは結婚へと追い立てられ、年齢を重ねるほどに「結婚できない気の毒な女性」扱いされますし、すでに結婚している、つまり「子どもを持てる・持つべきなのに持たない女性」には、疑惑と非難と憐れみの入り混じったより厳しいまなざしが向けられるからです。とくに親戚の集まりや、職場、ご近所との付き合い等で、また、友人の結婚・出産ラッシュ時、針の筵（むしろ）を実感された方も多いと思います。

子どものいない女性と言っても、その大部分を占めるのは、まだこれから産むつもりでいる若い女性たちですから、彼女らは、周囲から出産を勧められることに、嫌悪感どころか違和感すら持たないかもしれません。一方、身体的・精神的・経済その他の事情により「産めない」人や、「いずれはと思いつつ機会を逸し結果的に産まなかった」人や、「そもそも産みたくない」人などの少数派は、よほど親しい間柄の人であれば別ですが、個別の事情や心情を相手に伝えることは滅多にありません。よって周囲の人は、子どものいない女性たちのなかにもさまざまな人がおり、彼女らがどんな思いを胸に秘めているのか知る由もなく、十把一絡げの扱いをしがちです。つまり、結婚して一定期間経つのに子どものいない女性たちは、「「産みたいのに産めないかわいそうな不妊女性」か、そうでなければ「子どもを産みたがらない自分勝手で未成熟な女性」に違いない」といった一方的なレッテルを貼られ、憐れまれたり、非難されたり、意見されたりの日々を送ることになります。

アメリカにおいても状況は同じです。二〇二四年の大統領選挙で共和党のドナルド・トランプ大統領候補に指名されて副大統領候補になったJ・D・ヴァンス上院議員も、子どものいない女性を攻撃することで人気を集めています。子どものいない女性は自分の選択で「惨め」になったのだから自業自得なのに、自分たち以外の国民も「惨め」にしようとしている、子どもがいないのでアメリカの行く末に何の責任も感じなくて済むような民主党のリベラルな女性政治家には国を任せられない、と二〇二一年に中傷したことが問題視されたにもかかわらず、その発言を撤回せず、実際に民主党は家族や子どもの価値を軽視している、それを訴えただけだ、と居直り、支持者から喝采を浴びたのです。中絶の権利を認めない保守的なアメリカ人にとっては、「産む女性」こそが（だけが）正しく、評価に値する存在なのでしょう。

◉産める人は産むべきなのか？

「世の中には、子どもが欲しくて仕方がないのに、どんなに強く望んでも産めなくて、苦しい悲しい思いをしている人もいるのだから、産めるなら産むべき」。子どもがいない人のなかで、こう言われたことのある人は少なくないと思います。「意に反して産めない」人にとって、生殖補助医療の進歩は福音と言えるでしょう。実際の不妊治療は、心身ともにストレスが多い割に成功率は低く、いつ終わるとも知れぬ治療の費用は（一部保険が適用されるようになったとはいえ）高額で、深く傷つき悩み苦しんだ末に断念する人も多いのですが、残念ながらそういった事実が語られることは少なく、逆に、おめでたいニュースとして大きく取り上げられがちな成功例のみが耳に入りやすいため、不妊カップルでも治療さえすれば簡単に子どもができるという誤解も広まっています。それだけに、結婚しているのに子どもがいないのは、「産もうと思えば産めるのにあえてそうしない女性」であるとして、「厳しく意見したり諭したりしても構わない」、「迷いがあるなら背中を押してやるのが親切」と考える人もいます。そもそも世の中の多くの人は、「子どもを授かりたいというのは万人共通の願い」であり、「結婚したら子どもを持つのが自然」と素朴に信じているため、子どもを持とうとしない女性を見ると不可解に思うようです。子どもを望まない人間など、種の保存という大命題の前ではありうべからざる「不自然」な存在であり、矯正・排除すべき対象ということになるのでしょう。

しかし、「産めなくて悲しむ人がいることを考えれば、産める人は産むべき」という理屈が成り立つのなら、大変なことになってしまいます。たとえば、世の中には、死ぬほどアイドルになりたくて、小さい頃から歌やダンスを必死で習ってきたけれども、どう頑張ってもデビューはできず、失意の底に沈む人もいる一方で、多くの人を魅了する美声を持つ人が、たまたまスカウトの目に留まり、声をかけられることもあるでしょう。だからといって、当の美声の持ち主が芸能界には一切興味がなく、他分野に夢を持っている場合、「なりたくてもなれない人もいるのだから、なれる人はなるべき」とはならないでしょう。どうしても起業したいけれども資金がないため諦めざるを得ない人が、資金はあってもリスクを伴う起業などしたくないと考える人に「金があるなら起業すべき」と言うようなものです。どれだけ強く望んでも何かが達成できない人がいて、たまたま自分にその能力や財力がある場合、たとえ自分が望まないことであってもやらなければならないということにはならないはずです。

◉産むことを強制しない？　できない？

二〇二二年の出生数がついに八〇万人を割り込んだというニュースがセンセーショナルに報道され、「異次元の少子化対策」が次々打ち出されています。人は誰しも基本的人権としての自由権（国家からの強制や干渉を排除して、自由に物事を考え、行動する権利）を持っていますので、産みたくないと言う国民に対して国が出産を強制することは、基本的にはできませんが、過去有事の際に徴兵制が採られたように、この「危機的状況」にある現在の日本の出生率を反転させるため、出産の強制ができるのかどうか、憲法で規定されている国民の義務を参考に、考えてみましょう。ご存知のとおり、日本国憲法では、国民に対し、三つの義務を定めています。教育・勤労・納税の義務です。それらが法律上の義務としてどの程度の強さで私たちに課されているのか、順に並べると、もっとも強いのが納税の義務、次に強いのが教育の義務、もっとも弱いのが勤労の義務です。順番に見ていきましょう。

まずは納税の義務について考えます。国は国民全員から、強制的に税を取り立てることができます。所得をごまかすなどして脱税をした人には、罰則もあります。一方的で厳しいもののように聞こえますが、税金は、住民が安全で快適に暮らすための行政サービスを提供するのにかかる費用を皆で負担し合うものです。所得税や住民税であれば、所得の少ない人や有償労働をしていない人には減免措置がありますし、公共サービスを享受する受益者のなかに納税者自身が含まれることを考えると、多少の不公平感はあるとしても、納得できる（納得せざるを得ない）義務だと思われます。

教育の義務も、納税の義務ほどではありませんが、学校教育法などによって、比較的強く課されています。誤解している人も多いのですが、この義務というのは、子どもに対して教育を受けることを義務づけているのではなく、保護者に対して子どもに教育を受けさせることを義務づけるものです。教育を受けるのは子どもの権利であり、保護者が子どもに教育を受けさせる義務とセットになっています。子どもには、教育を受けないことを選択する自由もありますが、教育を受けることを望む子どもには、保護者はその環境を整えなければならないということです。ただし、その権利が十分に保障されないこともあります。たとえば、いじめなどを受けたり学校になじめなかったりする子どもが、教育は受けたいけれども自分を守るために学校に行くことを嫌がって自ら不登校になる場合などです。あるいは、保護者が責任を果たさず子どもを学校に行かせていないケースでも、無関心な保護者に放置されたことによって、子ども自身が学校に興味を持てなかったり、教育の必要性など考えられない状態に陥っていたりするような場合、保護者が「本人も行きたがっていない」と強弁すれば、どこでネグレクトの線引きをするかは容易ではありません。よって、明確な虐待の事実が確認されない限り、保護者から子どもを引きはがして無理やり学校に行かせたりすることはできません。とはいえ「義務教育」という言葉は日本全土に広く深く浸透しており、学校に行っていない子どもや行かせない保護者に対する世間の目には厳しいものがあります。行政が介入するなどの強制執行には高いハードルがありますが、子どもの権利が強調されることによって、世間的には「子どもは学校に行くもの」というイメージが定着しており、教育の義務から逸脱しにくくなっています。また、子どもが学校に行きたがっているのに行かせていないと判断された保護者が、学校や教育委員会の出席督促に応じなかった場合は、一〇万円以下の罰金を科されます。戦前多く見られた児童労働をなくし、誰もが健全に生きていけるよう、国民全員に基礎教育の機会を保障するという趣旨で、国公立の小中学校の授業料は無償となっていることもあり、子どもに対する教育義務は、多くの人の共感・納得を得ているように思います。

一方で、勤労の義務はどうでしょう。こちらも働く権利とセットになっています。勤労の義務とは、肉体的にも精神的にも働く能力を有する人は、自ら働いて暮らしを営み、社会に貢献しましょう、という程度のたいへん緩い理念的なものではありますが、「男は外で稼ぎ、女は家を守る」という性別役割意識が根強く残る日本では、女性よりも男性のほうにやや強く働き、昼間から普段着で自宅（周辺）にいる男性は、不審な目で見られる傾向があります。そうは言っても倫理規定ですので、義務とはいえ、実際には働かない自由も認められており、成人しても職に就かずぶらぶらしている人がいても、強制労働に駆り出されたりすることはありませんし、罰則もありません。親の遺産だけで何不自由なく暮らし、税金も納めている人に対して、国民の義務だからと本人の意に反して無理やり働かせることはできないのです。働く意思と能力のある人には勤労の義務と同時に権利がありますが、そういう人が働き口を見つけられないこともあります。その場合、働くことを義務としている社会主義体制であれば、国または公共団体が労働の機会を提供し、それが不可能な場合には相当の生活費を支給するのでしょう。しかし、日本の場合、国は就労斡旋や失業保険という形で、いくらかバックアップしてはいますが、一〇〇％保障してくれるわけではありません。このように、国民の義務と国の保障が十分釣り合っているとは感じにくい場合、強制力を持たせるのは難しいと考えられます。近年では、前述のような不労所得者の存在などを考慮し、納税の義務さえあれば勤労の義務はなくてもよいという議論も出ています。自由であるべきひとりひとりの人生の選択を狭めることになる義務は、最小限にすべきということだと思います。

以上を踏まえ、出産の強制・奨励について考えてみましょう。今のところ、子どもを産むことは国民の義務とされてはいませんし、当然、強制力も、罰則もありませんが、将来的に社会保障制度を支えるためにも出産を奨励すべきという声は至るところで聞かれますし、多子の親を表彰したり、子ども手当を大幅増額したり、逆に子なし税を設けたりする提案がされたりもしています。いっそのこと出産を、みんなの生活を守るための費用として出し合う税金や、誰かの生活に役立つ製品やサービスを生み出す労働、将来を担う子どもの能力開花の基礎となる教育などと同じようなもの、義務に準ずるものとみなして、強制力を持たせるべきなのでしょうか？ 子どもを産んだ場合、親には、その子がとくに問題を抱えていなくても一八歳まで、万が一問題を抱えていて経済的に自立困難であれば生涯にわたって、子どもを扶養する義務が発生しますから、出産が強制されれば、親にかなりの負担を強いることになります。子どもを産むことにより、本人の人生計画は大幅に変わると予想されます。強制するならそれなりの保障を求める声も当然大きくなるでしょう。そもそも出産は、場合によっては兵役と同様、生命をかける行為です。本人の生命や人生の過ごし方を大幅に左右する行為を他人に強制することは、人権侵害に当たります。現在義務とされている勤労ですら、強制することはできないのに、出産を強制することはもちろん、推奨することも慎重さを要します。

◉それでも、産むほうが好ましい？

社会にとって都合が良いことと個人にとっての幸福は、つねに一致するとは限りません。人は誰もが自分の幸福を追求する権利を持っていますので、社会にとって好ましいからと言って、個人が幸せと感じる人生設計を狂わせることは許されません。

では、「個人にとって、産むほうが好ましいから、産んだほうがいい」と言えばどうでしょう。「子どもが生まれたとき、全世界に自慢して回りたいくらい嬉しかった」、「子どもの寝顔を見るだけで一日の疲れが吹き飛ぶ」、「自分の生命以上に大切で愛おしい存在」など、身近な人から、子どもを持つことのこの上ない幸せを説かれたことがある人は多いのではないでしょうか。こういう形で出産を勧めてくる人たちは、それまでの人生で知ることができなかった最高の幸せを子どもがもたらしてくれたという自身の経験から、おそらく善意で出産を勧めるのだろうと思います。しかし、これでは幸せの押し売りです。たとえばペットの犬が可愛くて仕方ないからといって、誰彼構わず犬を飼えと勧める人はいないでしょう。相手によって、犬が苦手かもしれないし、犬好きでも本人や家族にアレルギーがあるかもしれないし、経済・住宅事情が許さないかもしれない、など、勧める前に相手のことをいろいろ考えるはずです。あるいは、どんなに気に入った商品があったとしても、まずは相手の状況に思いを巡らし、勧める人を選ぶと思います。いくら良い商品で、多くの人に勧めたいと思っても、相手の興味に沿ったものでなければ、うっとうしく思われるだけかもしれないし、高価なものや維持費が馬鹿にならないものであれば、欲しくても手が出ない相手に対する自慢話のように受け取られるかもしれないからです。よって、そういう場合、誰にでもむやみに勧めるのではなく、その商品に興味を持った人だけが見に来るような口コミのページに感想を書くにとどめるのではないでしょうか。子どもの話になるとそのストッパーが外れてしまうのは、やはり「ほとんどの人は子どもを持つ。それが普通」という強い思いがあるからでしょう。人それぞれの価値観を尊重するなら、子どもを持ちたいと思っている人が、どんな感じですかと興味を持って聞きに来た時に、初めて教えてあげればいい話だと思います。

「子どものいない人にはわからない」、「子を持つ身になって初めてわかる」と、搦め手から子どもを持つ意義をアピールされることもあります。「親になることによって初めて自分中心の小さな思考から脱し、子どもたちが暮らす未来の地球環境など、時空を超えてものを考えられるようになった」、「記憶がない自分の幼少時を、子どもを通して追体験することで、自分の生涯が完成する感覚を得た」、「太古の昔から続く生命のバトンを繋げたことで、自分も大きな命の流れのなかにいることを実感した」、「親の苦労を身をもって知り、より感謝の念が沸いた」、「忍耐を覚え、人として成長できた」など、感慨深げな語りもしばしば耳にします。これらは、親になった人の嘘のない実感であり、子育てを経験してわかることは実際たくさんあると思います。しかしこのような発言は、往々にして個別具体的な文脈を離れ、昔から言われてきた「子どもを持って初めて一人前」などの発想と繋げて普遍化されることで、「子どものいない人は半人前、精神的に成長できず未熟、自分に関係する狭い範囲のことしか考えられない」と、子どものない人を貶める暴力的言説になりがちだということを、知っておく必要があります。

◉「産まない自由」はあるか？

「〇〇する自由」と「〇〇しない自由」はつねに背中合わせになっており、何かをする自由の裏には必ずそれをしない自由があります。それをするもしないも、決定権は個人にあるのです。

たとえば「大学に行く」ことを考えてみます。大学に進学すれば、より専門的で高度な教育を受けることができますし、就職後の待遇も有利になるとして、経済的に問題がなければ、高校の進路指導などで勧められることが多いと思います。比較的時間に余裕があり、学業以外にも社会経験を積むことができる、親の庇護下で何にでもトライできるステイタスである、あるいは、人生で一番遊べるモラトリアム期間であると言う人もいます。しかし、勉強は高校までで十分だ（もう勉強などしたくない）から大学には行きたくないという人もいれば、より専門的な実務を学びたいから専門学校に行きたいと考える人、早く仕事をして経済的に自立したい人など、必ずしも大学進学にこだわらない人も大勢います。また、進学しても、自分には合わない、思っていたのと違った、などの理由で授業に出なくなったり、退学したりする人もいます。人により、大学に対して感じるメリットには違いがあり、行く自由もあれば、行かない自由もあるのです。

「親孝行する」かどうかも同様です。親孝行しないよりは、できる範囲でしたほうがいいと考える人は多いと思います。しかし、何を親孝行と考えるかは、親のほうでも子のほうでも人によってズレがありますし、親子間でも親が望むことと子が望むことに違いがあるかもしれません。たとえば「親は子世帯と同居したいはず」と世間一般に言われることを真に受け、親に同居を申し入れて親孝行したと悦に入る子どもがいる一方で、親のほうでは、本当はもっと自由に暮らしたいけど、せっかく同居してくれるという子に申し訳ないからと、内心窮屈に思いながら、贅沢を言ってはいけないと我慢しているかもしれないのです。親子関係のあり方もさまざまであり、愛情深く育ててもらったからぜひとも恩返しをしたいと感じる子どももいれば、幼い頃から親の都合に振り回され迷惑ばかりかけられたので縁を切りたいと感じる子どももいます。親孝行するもしないも、そもそも何が親孝行にあたるかも、すべては個人が決めることであり、他人が外からあれこれ言えるものではありません。

「産まない自由」も「親孝行しない自由」と同列のものと言えそうです。子どものいない人にとって、「親に孫の顔を見せてやれ」、「孫をつくるのが何よりの親孝行」と諭されることは、日常茶飯事となっています。祖父母にとって、孫は子どもに輪をかけてさらに可愛いと言われますから、孫を持てる日を心待ちにしている人も多いかもしれません。すでに孫を持つ周囲の人たちが孫自慢し合うなかでその会話に入れないのはさぞや寂しいことなのでしょう。孫育てに駆り出され疲弊する人たちの愚痴ですら、羨ましいという声も聞きます。それでも、親と子は別の人格を持ち、別の人生を生きるのですから、あくまで「産む／産まない」の決定権は本人にあります。親のことを引き合いに出して子に罪悪感を持たせ、不安をあおって出産に誘導するなど、人の弱い部分をつついてマインドコントロールする霊感商法のような手口は、厳に慎むべきと思います。

◉「自分勝手な女」というレッテル

個人が自分の幸福を追求することは、基本的人権として認められているはずですが、そういう生き方をする人は、時に「自分勝手」だと言われることがあります。誰にでも幸福追求の権利はありますが、これには他人の権利を傷つけない限り、という条件が付いているからです。仮に、他人に危害を加えることが何よりも楽しいという人がいたとしても、危害を加えられる人が嫌がっていれば（おそらくほとんどの人が嫌がるでしょう）、そういう自由は制限されます。共同でおこなう行為、他者がいないと成り立たない行為においては、双方の交渉による利害の調整と行為への同意が必要ということになります。その調整と同意がないまま片方が自分の幸福を一方的に追求しようとすると、誰かの幸福追求が他の誰かの幸福追求と衝突することになります。確かに自分の幸福だけを優先して他者を傷つけることを顧みなければ、「自分勝手」と言われても仕方がないでしょう。たとえば、行列のできる評判のお店に行き、空腹だから待つのは嫌だと言って、「到着順に並んで待つ」という共同行為をおこなっている人たちの行列に横入りすれば、同じく空腹ながらルールを守って順番を待っていた人たちの利益を損なうことになり、衝突が起こります。この場合、「自分勝手」と非難されても文句は言えません。

ただし例外はあります。共同行為と言っても、何らかの競技であればどうでしょう。そこで勝ち抜くこと、選抜されることが個人やチームにとって、追求すべき幸福ということになるでしょう。勝負である以上、幸福を手に入れるには、相手を打ち負かす必要があります。相手がどんなに強く勝利を渇望していようとも、双方ともに自分やチームの幸福を優先し、力を尽くして戦うことになります。相手も勝ちたいのだからと遠慮して手を抜くことは、それまでの相手の努力、自分（たち）の努力をも踏みにじる、たいへん失礼な行為です。競技上ではいくら衝突しても、自分（たち）が勝利するための行動を「自分勝手」とは言われません。共通のルールのもとに、それぞれが勝利という幸福を目指し、正々堂々戦った結果、たとえ敗者が傷つくことになっても構わないと同意したうえで、自分やチームの幸福を優先し、勝利を目指すと解されているからです。

では、共同行為でも他者がいないと成り立たない行為でもない、単独でおこなう行為はどうでしょう。好きなことで身を立てていきたいと「夢を追いかける」人は、いつの時代もいますが、結果的に成功する人はほんの一握りですから、途中で諦める人、諦めきれず深い迷いのなかにある人のほうが多いことでしょう。こういう人たち、とくに家族がいる人たちは、往々にして「自分勝手」と言われます。常識的な周囲の人たちは「そろそろ現実を見ろ」、「家族のことを考えろ」と、本人の幸福追求をやめさせようとします。しかし、こうした夢追い人が、長い下積み生活を経てひとたび脚光を浴びるようになると、手のひらを返したように、夢を諦めず努力を続けたことが称賛され、成功を信じて支え続けた家族や周囲の関係者についても、美談として語られるようになります。本人がリスクを承知したうえで、どこまでも自分の幸福を追求したいのであれば、そしてその生活に巻き込まれる家族がいないのであれば、「自分勝手」という非難はまったく当たらないと思いますし、家族がいる場合でも、その家族が同意しているのであれば、他人が「自分勝手」と言うのは不適切だと思います。

以上をふまえて、出産という行為について考えてみます。「子どもを産む」のは単独行為であり、産まないのが個人の幸福であれば、「自分勝手」という謗りは免れると考えられます。「子どもを持つ」と言い方を換えれば、妊娠・出産・育児という一連の流れを指す、夫婦や家族の共同行為となりますが、この場合も、子どもを産まない・持たないのが個人の幸福であるとすれば、そしてそれを共同行為者である家族も同意しているのであれば、それを「自分勝手」とは言えません。ただし、子どもについては、社会保障制度の維持に欠かせない、国民全体の共有財産とする考え方があり、いささか厄介です。国民総出で子どもという共有財産を維持していかなければならないという危機的状況にあって子どもを産まないなど、国民全体に不利益を与えると考えられるからです。しかし、このように子どもをモノ扱いするのは正しいこととは思えません。個人の人権より国の都合を上に置くような発想では、まさに有事になったとき、大切な子どもを兵隊として差し出すことになりかねません。結局のところ、「私」をどの程度貫くのか、「公」と（上の世代や将来の世代とも）どのように関わるかは、「自分」の判断で「勝手」に決めていいいし、そうするしかないのだと思います。

◉「産む権利」と「産まない自由」

産めるのに産まないことを非難される人がいる一方で、産みたいのに産むことを非難される人もいます。戦後、障碍のある人たちは、「不良な子孫の出生を防止する」ことを目的とした旧優生保護法のもと、強制的に、不妊手術や中絶手術を施されていました。障碍を持つ子どもは家族にとっても社会にとっても負担が大きいため生まれないようにすべきという考え方です。不妊手術をされた人の数は、わかっているだけで約二万五千人、人工妊娠中絶手術をされた人の数は約五万九千人、合計すると被害者は約八万四千人にも上るそうです。優生手術の実施に当たっては、身体の拘束、麻酔薬の使用、欺罔（ぎもう）等の手段を用いることも許容されていたため、本人を麻酔で眠らせたり、病気で手術をおこなうのだと騙したり、なかには事前事後に何の説明も同意の確認もなく、つまりは自分の身体に何がおこなわれているのかまったく知らされないままに、手術をされた人もいたようです。この法律は、障碍者の生殖の権利を無視し、障碍者への差別や偏見を根づかせることに寄与した「戦後最大の人権侵害」として、一九九六年に「母性の生命健康を保護すること」に目的を絞った母体保護法へと改正されましたが、その後も偏見を払拭するには至らず、障碍者は子どもを持つべきでないという考え方は今も強固に残っています。日本弁護士連合会によると、障碍があることを理由に、家族や職場の上司が本人の結婚や婚約を解消させたり、周囲や医師が圧力をかけて出産を思いとどまらせ（場合によっては中絶させ）たりといった事件も後を絶たないということです。二〇二二年にも、北海道のグループホームにおいて、知的障碍のあるカップルが結婚や同棲を希望する場合、男性はパイプカット手術、女性は避妊リングを装着する不妊処置を二〇年以上にわたって条件としていたことが報道されましたが、当該法人の理事長は、「（子どもが）養育不全になったら誰が責任を取るのか」と自らを正当化していますし、それに賛同する意見も少なくないといいます。しかし、国連障碍者権利委員会から出された総括所見では、障碍者に対する不妊手術や中絶の強要を明示的に禁止する措置を取るよう日本政府に求めていますし、最高裁判所は、二〇二四年七月の判決で、旧優生保護法の不妊手術に関する規程は「個人の尊厳と人格の尊重の精神に著しく反する」差別的なものであり、憲法に違反するものであったことを認め、立法行為自体が違法であったと判断しました。障碍があろうとなかろうと、尊厳を持つ一人の人間として個人を尊重し、産みたい人は産むことを妨げられない、産まない人は産むことを強制されない、そういう社会にしていくことが肝要だと思います。

◉おわりに――自由な人生設計を保障する社会へ

コロナ禍もあって、国の将来推計より一一年も早い二〇二二年に出生数が八〇万人を割り込んだことを受け、政府は今の少子化を「待ったなしの瀬戸際」とばかりに「次元の異なる少子化対策」としてこども家庭庁を発足させ、二〇三〇年初頭を目途に、五兆円とも一〇兆円とも言われる「子ども予算」の倍増を打ち出しました。その実効性は不明なところも多いのですが、今後ますます子どもを増やす取り組みが強化されていくと思われます。それとともに、産まない女性に対する風当たりも強くなることが予想され、「産みたくない」という意思の表明も、難しくなっていくことでしょう。しかし、自分の人生をどういうものにしていきたいか熟慮したうえで「産まない」選択をすることは、本当に社会に対するマイナスであり、そういう「女らしくない」選択をした女性が肩身の狭い思いをするのは当然なのでしょうか。現在の社会保障制度を維持することだけを目指すならば、産まない選択は将来的に支え手を減らすことになり、社会全体の利益を損なうため「マイナス」と断罪されるかもしれません。しかし、個人の人権よりも社会の利益（＝公益）のほうを無条件に優先し、個人の選択を大事にしたいと願う人を「利己的」呼ばわりして屈服させようとする社会は、結局のところ人を大切にする社会とは言えません。個人の選択について、何がどの程度プラスだとかマイナスだとか、外から勝手に決めつける前に、その判断は誰の立場でしているのか、考える必要があります。変わりつつある人のあり方を今ある制度にむりやり合致させるのではなく、誰もが思うように生きていけるように、制度設計をどう変え

ていけばいいのかを考えるのが国の仕事ではないでしょうか。

「産む／産まない」の問題に限らず、世の中の多数派・主流派に属する人や、今の性別秩序で何の不都合も感じない人にとっては、考えるまでもなく従うべきこと、大げさに反旗を翻す必要もないつまらないこと、と思えるような問題であっても、少数派・非主流派に属する人は、今の秩序を押し付けられることで、日常的に傷つけられたり、不利益を被ったりしているかもしれないのです。自分には無関係、と思えるかもしれません。でももしかしたら、気づいていないだけで、あなたの身近にいる大切な人が、少数派に属しているかもしれません。今は多数派の人も、いつか少数派になる可能性があります。たとえば怪我をして身体の機能を失ったとしたら、たちまち少数派になります。歳を取って身体がいうことをきかなくなれば、誰もがそうなります。「産みたい」と思っていても、身体の状態の変化で「産めなくなる」こと、さまざまな事情で「産まない」選択をすることは、誰にでもあり得ます。少しも他人事ではありません。みんなが自分のこととして、少なくとも少数派の声に耳を傾けられるようになってほしいと思います。少しでも多くの人が過ごしやすい世の中になるよう、仕組みや意識を一緒に変えていきませんか。

おわりに
自分が何に縛られているかを自覚する

◎森川美生

私は基本的に自分のことを「普通」で「常識的な」人間だと思っています。子どもの頃、両親は共働きでしたが、家のこと・子どもの世話はすべて母がやっていました。父は自分のことばかりで子どもの学校行事にも一切参加しないような人でしたので、周囲の人からはひとり親家庭と勘違いされ、「お母さんお仕事でかわいそうね」と同情されることもたびたびありました。家では何もせず好き勝手に振る舞う父と、帰宅後も休日もひとりせっせと家のことをこなす母を間近に見て育ち、幼い頃から、女は損だ、不公平だ、それでも働く母はカッコいいのに、それを不憫と言うこの世界は何かおかしい、そんな思いが強くあり、そこからすると、自分の感覚は「普通」、もしかしたら「普通より少しマシ」くらいに捉えていたと思います。その自信が揺らぎ始めたのは、故郷を遠く離れ、東京の大学に進学してからのことです。友人が、いつもミルキーを持ち歩く男友達の話をしているとき、思わず笑ってしまったのです。「男のくせに！ミルキーはママの味なんだぞ！」今考えると恥ずかしくて穴があったら入りたいくらいですが、その友人に真顔で諭されるまで、無意識に（まるで自動操縦のように）そんな発言が出てくるほどに、そんな「常識」が自分に染み込んでいたことに、まるで気づかなかったのです。

これはいかんと自己点検し、迂闊（うかつ）な発言をしないようおこないを改めたつもりでしたが、完全になくすのは難しいものです。あるとき、近所の小学校で折り紙を教えるイベントに参加することになり、家で試し折りをしていたときのことです。連れ合いが鶴を折れないことを初めて知り、うっかり「日本人で鶴折れない人なんかいないでしょ」と言ってしまいました。幼稚園ではみんなで折り紙をした記憶があるし、とくに鶴は、学校に上がってからも、入院した誰かのお見舞いとか、部活の大会の勝利祈願とか、何かにつけて何羽も折ってきたはず。普段からなんでも器用にこなす連れ合いの思いがけない弱点をからかう気持ちもありましたが、半ば本気でそう思ったのです。ちゃんと考えれば、幼稚園や保育園や小学校のときに折らされた経験があったとしても、皆が上手に折れるわけでもないし、大人になるまで折り方を記憶しているわけでもないですよね。そんな大雑把な括り方で他人のあり方を決めつけたり馬鹿にしたりするのはとても失礼なことだと反省しました。

私同様、ほとんどの人は、自分のことを「普通」で「常識的な」人間だと考えているのではないかと思います。幼い頃から身近な年長者を通して教わったりしつけられたり、観察して覚えたりしたさまざまなマナーやパターンや決まり事、身の処し方、考え方……、そうした知識は、いつどうやって誰に教わったのかもわからないままに、自然と私たちの身についてしまっています。なぜそうなのか、本当にそうしなければならないのか、身につけた「常識」の真偽について深く考えることはなく、反射的に「そういうものだから」としか言えないほどに、私たちの深いところにしっかり根づいてしまっています。それだけに、自分とは違った「常識」を持つ人とぶつかると、無条件に相手を「非常識」と決めつけ、非難したり馬鹿にしたり、憐れんだり無視したりしがちです。異質な他者との出会いは、自分の視野を広める絶好の機会になりえますが、このように頭ごなしに相手を拒絶する態度では、せっかくの機会を失うことになり、場合によっては過剰防衛に走って自分の視野をさらに狭め、固定化することになりかねません。それは非常にもったいないことです。どうせなら、全否定する前に、相手はなぜそういう「常識」を持っているのか、その背景を考えてみましょう。そして、自分はなぜそれを否定したいと感じてしまうのかも。自分のほうが「普通」だから、としか説明できなければ、それはただの思い込みかもしれません。少し乱暴な言い方をすると、人間は偏見の塊です。自分には偏見はないと思っていても、どれだけ気をつけていても、誰にでも偏見はあると思ったほうがいいでしょう。ないと思えばそれまでで、そこで思考停止してしまいます。そこから成長するためにも、自分のなかの「常識」を、少し突き放し、俯瞰（ふかん）する練習をしてみましょう。私たちのなかに深く根を張った「常識」はかなり広範囲に及んでいますので、先に書いたように、一度反省して修正すれば事足りるようなものではありません。私も油断するといまだにひょっこりと「常識」の尻尾が出てきます。日々丁寧に思考を鍛え、自己防御に汲々とせず、少しずつ、前に進んでいきたいと思っています。みなさんもご一緒に、まずは自分のなかにも偏見があると自覚し、自分は何に縛られているのか、虚心に考えてみることから始めませんか？

参考文献・読書案内

※ここでは、各章を書く際に参照した文献のうち重要なものに加え、読者のみなさんがさらに思索を続けるための手引きになるものを挙げます。

【第1章】

◉A・R・ホックシールド（布施由紀子訳）『壁の向こうの住人たち――アメリカの右派を覆う怒りと嘆き』（岩波書店、二〇一八年）。

▼報われるべき自分たちが蔑ろにされているというマジョリティの嘆きを（共感はできなくとも）理解するための必読書。

◉南川文里『アファーマティブ・アクション――平等への切り札か、逆差別か』（中公新書、二〇二四年）。

▼アメリカにおける差別是正策の軌跡をたどり、その展望を示したもの。

【第2章】

◉木村草太『「差別」のしくみ』（朝日選書、二〇二三年）。

▼無自覚の差別の現れ方を分析し、何が・なぜ悪いのかを明確にすることで、問題解決の糸口を探る論考。

【第3章】

◉神谷悠一『差別は思いやりでは解決しない――ジェンダーやLGBTQから考える』(集英社新書、二〇二二年)。
▼差別対策としての法制度の重要性をわかりやすく説いた、重要な問題提起の書。

◉一橋大学社会学部貴堂ゼミ生&院ゼミ生有志『大学生がレイシズムに向き合って考えてみた――差別の「いま」を読み解くための入門書』(明石書店、二〇二三年)。
▼大学生が、レイシズム(集団ごとに生得的で不変の性質・優劣があるという信念)を自分事として考えた記録。

◉堀内かおる『一〇代のうちに考えておきたいジェンダーの話』(岩波ジュニア新書、二〇二三年)。
▼ジェンダーのことを考えるための基本を丁寧に解説した入門書。

◉宮下萌編『レイシャル・プロファイリング――警察による人種差別を問う』(大月書店、二〇二三年)。
▼日本における外国人差別が集約的に現れている警察の対応を徹底的に見直す試み(本書の第1章の最後で紹介したムスリムの母子に対する不当な扱いも取り上げられています)。

【第4章】

◉黒﨑真『マーティン・ルーサー・キング――非暴力の闘士』（岩波新書、二〇一八年）。

▼キングの生涯をコンパクトにまとめた日本語で読める最新の評伝。

◉ジョン・ルイス、アンドリュー・アイディン作、ネイト・パウエル画、押野素子訳『MARCH1〜3』（岩波書店、二〇一八年）。

▼ジョン・ルイスという若者がどのように公民権運動に関わるようになり、何を目指したのかをわかりやすく劇画化したもの。

【第5章】

◉奥田祥子『夫婦幻想――子あり、子なし、子の成長後』（ちくま新書、二〇一九年）。

▼長年にわたる取材を基にさまざまなカップルの姿を赤裸々に描いたルポルタージュ。

◉森下えみこ、くどうみやこ『まんが　子どものいない私たちの生き方――おひとりさまでも、結婚してても』（小学館、二〇二一年）。

▼普段語られることのない「子なし」女性のリアルな経験を伝える漫画＋コラム。

分野	
公共交通機関・施設	選挙権
ィル殺人事件	
ントゴメリー・バスボイコット運動	
り込み運動	
リーダム・ライド	
ールバニーでの闘争（キングの「失敗」）	
ーミングハム「C計画運動」	
ネディ、新公民権法の提案を表明	→同夜、メドガー・エヴァーズ暗殺
シントン大行進「私には夢がある」	
バーミングハム第16番通りバプティスト教会爆破（4人の少女が死亡）	
ェイニー、グッドマン、シュワーナー殺人事件	
民権法制定	
ーレムで「暴動」	
	民主党全国大会 ミシシッピ州自由民主党の挑戦
ーベル平和賞受賞（授賞式は12/10）	
	セルマでの運動活性化
	マルコムX、セルマ訪問
	マルコムX暗殺
	「血の日曜日」事件
	「自由の行進」 キング、モントゴメリーの州議会議事堂前で演説
	投票権法制定
	ワッツで「暴動」（34人死亡）
ストークリー・カーマイケル「ブラック・パワー」を提唱	
ブラックパンサー党結成	
キング暗殺	

子どもたちに
警察犬、放水！

デモ中の市民に、
棍棒、催涙弾！

公民権運動年表（1954-68 年）

年月日	場所	教育
1954.05.17.	連邦最高裁	ブラウン判決 （公立学校での人種隔離禁止）
1955.02.	アラバマ大学	オーザリン・ルーシー事件
1955.08.	ミシシッピ州マニー	エメット
1955-56	アラバマ州	
1957-58	アーカンソー州	リトルロック・セントラル高校事件
1960.02. ～	ノースカロライナ州他	
1961.05. ～	南部諸州縦断	
1961.12. ～	ジョージア州	
1962.09.	ミシシッピ大学	ジェームズ・メレディス事件
1963.04. ～	アラバマ州	
1963.06.11.	ワシントン DC ／ ミシシッピ州	
1963.08.28.	ワシントン DC	
1963.09.15.	アラバマ州	
1964.06. ～	ミシシッピ州	「ミシシッピ夏期計画」
1964.07.02.	ワシントン DC	
1964.07.16.	ニューヨーク	
1964.08.24 ～ 27.	ニュージャージー州 アトランティック・シティ	
1964.10.14.		キング
1965.01. ～	アラバマ州	
1965.02.	アラバマ州	
1965.02.21.	ニューヨーク	
1965.03.07.	アラバマ州	
1965.03.21 ～ 25.	アラバマ州	
1965.08.06.	ワシントン DC	
1965.08.11.	ロサンゼルス	
1966.06.	ミシシッピ州	SNCC 委員長
1966.10.	カリフォルニア州	
1968.04.04.	テネシー州メンフィス	

あとがき

「差別」という敬遠されがちな（あるいは、どの立場で考えても、もう語るべきことがないと思われがちな）テーマを扱った本ですが、部分的にでも興味を持っていただけた／頭の体操になったでしょうか。

取り上げた題材は偏っていて、十分に説明できていないことも多いのですが、だからこそ、読んでくださった方がご自身でこれを応用し、考えを深めるきっかけにしてもらえれば、著者として望外の喜びです。

初出は、次のとおりです。

・第1章　大森一輝「差別と『逆差別』は同じ差別なのか？——誰が誰をどのような力で抑圧しているのかを見極める」兼子歩・貴堂嘉之編『「ヘイト」に抗するアメリカ史——マジョリティを問い直す』（彩流社、二〇二二年）所収。

・第2章　大森一輝・森川美生「『差別ではなく区別』考——ジム・クロウ（人種隔離）は区別で、ERA（男女平等憲法修正）こそが差別なのか？」兼子歩・貴堂嘉之編『「ヘイト」の時代のアメリカ史——人種・民族・国籍を考える』（彩流社、二〇一七年）所収。

・第3章（書き下ろし）

・第4章　大森一輝「解説」ジョン・ルイス、アンドリュー・アイディン作、ネイト・パウエル画、押野素子訳『MARCH1〜3』（岩波書店、二〇一八年）別冊。

・第5章（書き下ろし）

既発表の文章を使った章も、加筆修正を施しました。

出版にあたっては、小鳥遊書房の高梨治さんに大変お世話になりました。突然持ち込んだ原稿に即座に目を通し、刊行する意義を認め、貴重な助言をしてくださったことに、心より感謝申し上げます。また、一書にまとめるために全体の内容を再考・推敲する際には、多くの人との（書物を通しての／直接の）対話に助けられました。とくに、初校ゲラを読んで私たち二人にゼミの場で貴重な意見を聞かせてくれた北海学園大学人文学部の上前龍さん・川原由也さん・竹村春花さん・中村こちさん、急なお願いに快く応じて第5章に対して憲法学の立場からコメントしてくださった北海学園大学法学部の館田晶子さん、本当にありがとうございました。若い人たちにも、分野の違う研究者にも共感してもらえたことは、大きな励みになりました。ここではこれ以上お名前を挙げることはできませんが、これまで私たちと接してくださったすべての方々にお礼申し上げます。私たちが受けた学恩を次の世代に少しでも返そうというこの試みに、忌憚のないご意見をお寄せいただければうれしく思います。

本書の準備中に、アメリカでは、人工妊娠中絶の権利が否定され、大学入試におけるアファーマティヴ・アクションが違憲とされました。日本でも、ジェンダー・ギャップ指数は世界最低レベルのままで、国籍・民族・人種の違う人々へのヘイトが渦巻いています。差別に抗するとは話し合いを諦めないこと、というメッセージを倦まず弛まず伝え続け、率先して実践していかなければ、という思いを新たに、今後も研究・教育に励みます。

二〇二四年夏　アメリカ大統領選の行方を危惧しながら

森川美生・大森一輝

【著者】

森川美生
（もりかわ・みお）

北海学園大学・北星学園大学非常勤講師。東京都立大学大学院社会学研究科博士課程単位修得。都市社会学・社会調査・ジェンダー研究。主要業績、「現代日本における生涯無子女性の類型化および量的把握の試み—— 少子化政策の前提となる基礎データの検討」『北海学園法学研究』第 57 巻第 1 号（2021 年 6 月）。

大森一輝
（おおもり・かずてる）

北海学園大学人文学部教授。マサチューセッツ大学アマースト校大学院歴史学研究科博士課程修了（PhD）。アメリカ黒人史・人種関係論。主著、『アフリカ系アメリカ人という困難—— 奴隷解放後の黒人知識人と「人種」』（彩流社、2014 年）。

「もう差別なんてない」と思っているあなたへ
アメリカの経験から日本の現在と未来を考える

2024年9月30日　第1刷発行
2025年1月30日　第2刷発行

【著者】
森川美生、大森一輝

発行者：高梨 治
発行所：株式会社**小鳥遊書房**
〒102-0071　東京都千代田区富士見1-7-6-5F
電話 03 (6265) 4910（代表）／FAX 03 (6265) 4902
https://www.tkns-shobou.co.jp
info@tkns-shobou.co.jp

装幀　鳴田小夜子（KOGUMA OFFICE）
印刷　モリモト印刷株式会社
製本　株式会社村上製本所

ISBN978-4-86780-059-1　C0036